Essai sur L'homme, par M.

Le Poëme de Pope
pieté &c.
— Essai surla Critique, par Pope.
Observations sur L'esprit des Loix.

Les Lettres Persannes convaincües
d'impieté.

1.º L'essai sur l'homme en Double De: V 6499
D

2.º Le Poëme de Pope...
en double de V. 6499
+ B.

3.º L'Essai sur la critique en Double De V 6499
D + a

4.º Observations sur l'esprit des loix appartient à l'E.

5.º Les lettres persanes contenues ... au Z   133 a
300

ESSAI

SUR

L'HOMME,

PAR M. POPE.

Traduit de l'Anglois en François.

Edition revue par le Traducteur.

The proper study of mankind is MAN,
L'étude propre de l'Homme est l'HOMME.

A *LONDRES*, chez PIERRE
DUNOYER, à la tête d'*Erasme*
dans le *Strand*.

A *AMSTERDAM*, chez
JEAN FREDERIC BERNARD.

M. DCC. XXXVI.

PREFACE

DU TRADUCTEUR.

MONSIEUR POPE s'étant proposé d'écrire sur la vie & les mœurs de l'homme, a cru devoir considérer d'abord l'homme en général, sa nature & son état. Il est nécessaire pour prescrire des devoirs & établir des préceptes, ou pour éxaminer la perfection ou l'imperfection de quelque créature que ce soit, de con-

noître premiérement quel-
le eſt ſa condition & quels
ſont ſes raports, quelle eſt
la fin & quel eſt l'objet de
ſon éxiſtence.

La ſcience de la nature
humaine, ainſi que toutes
les autres ſciences, ſe réduit à un petit nombre d'i-
dées claires. Il n'y a pas
dans ce monde beaucoup
de vérités certaines. Il en
eſt de l'anatomie de l'eſprit
comme de celle du corps; il
eſt plus utile de s'apliquer
aux parties les plus ſenſibles & les plus faciles à a-
percevoir que d'étudier de
petits vaiſſeaux & de petits
nerfs qui échapent aux ob-

fervations. Ce font néan-
moins fur les objets de cette nature que roulent des
difputes qui fervent bien
moins à augmenter la théo-
rie de la morale, qu'à en
diminuer la pratique. En
conféquence de ces obfer-
vations, M. Pope s'eft pro-
pofé de laiffer les chofes
inintelligibles, de tenir un
fage milieu entre des doc-
trines tout-à-fait oppofées,
& de former un fiftême de
morale avec un mélange de
température qui ne nuisît
point à la folidité; fiftême
auffi court que bien digéré.

Ce qu'il a publié confif-
te en quatre Epîtres. C'eft

une idée générale de l'homme, où il n'y a que les plus grandes parties de tracées, leur étendue, leurs limites, & leurs connéxions. Il a donné à ces quatre Epîtres le titre de premier livre, & il en annonce un second qui renfermera des particularités plus susceptibles d'agrément. Il ne fait dans celui-ci qu'ouvrir les fontaines & préparer les canaux : dans l'autre il en suivra le cours & les détours.

Voilà ce que l'extrait de la Préface qu'il a mise lui-même à la tête de ses Epîtres, m'a fourni. Ces Epîtres sont écrites en vers, &

elles sont adressées à Henri
Saint Jean Lord Boling-
broke, à qui personne ne
refuse l'aveu d'une supério-
rité de génie & de talens.
M. Pope l'a loué sans être
flateur; ceci est une exception aux Poétes & aux dé-
dicaces.

Le sujet est d'une méta-
physique abstraite & délicate, où l'on peut aisément
perdre le fil des inductions
& les liaisons des raports &
des différences. La maniére d'ailleurs dont les idées
sont exposées est extrême-
ment concise : ce n'est pas
sans raison. Car en mê-
me tems que par la briéve-

té de l'expreſſion les choſes deviennent plus faciles à être retenues, on devient plus propre à en conſerver le ſouvenir, à proportion du dégré d'attention que la préciſion requiert du Lecteur. Je n'alléguerai pas que le but de cet ouvrage eſt plus d'inſtruire que de plaire. Le plaiſir s'y trouve, mais il veut être recherché, & des réfléxions de retour l'aménent, ce qui en reléve la ſenſibilité & augmente cette complaiſance propre que l'on goûte dans la jouiſſance d'un tel plaiſir.

Un plan raccourci de l'ouvrage en facilitera l'intelligence à ces lecteurs trop indolens ou trop volages pour donner à la lecture de celui-ci toute l'aplication nécessaire & qu'il mérite.

La première Epître traite de l'homme considéré par raport à l'univers. L'univers entier forme un siftême général qui nous est inconnu. Dans l'échelle des êtres, c'est-à-dire dans le rang & la progression des diverses créatures, il doit y avoir un être tel que l'homme, & par raport à l'univers cet être n'est que partie d'un tout auquel il est relatif, quoiqu'il en ignore les raports. L'ignorance lui est

donnée pour nourrir ſes eſ-
pérances : celles de l'Indien
qui ſçait & raiſonne peu
lui repréſentent un avenir
conforme à ſes idées. La
mort, ce grand maître,
en manifeſtera la vérité;
& nous déſabuſera de cet
orgueil qui nous fait ra-
porter la totalité du grand
ſiſtême à la partie que nous
en connoiſſons & qui eſt
notre ſiſtême particulier.
De ce même orgueil naît
l'idée d'une perfection chi-
mérique que l'homme ſe
plaint de n'avoir pas, &
qu'il ne ſçauroit avoir ſans
ceſſer d'être ce qu'il eſt, ſans
ceſſer d'être homme. Il rai-

fonnable , il fouhaite de réunir les facultés des intel-ligences & des bêtes, quoi-qu'incompatibles entr'el-les, quoiqué peu convena-bles à fa nature. Il ne confi-dére point que fes fouhaits attaquent l'ordre général , qu'ils renverfent cette gra-dation d'êtres & de facul-tés d'où réfulte la fubordi-nation de créatures à créa-tures , & de toutés à lui ; que c'eft fe révolter contre Dieu, l'auteur & le confer-vateur de tout, dont la pro-vidence infinie & la fageffe incompréhenfible a donné à tous les êtres les facultés qu'ils doivent avoir , & les a mis dans la place qu’ils doivent occuper. Pour réduire en peu de mots tout le sommaire de cette Epître, on y démontre le peu de fondement de cette opinion que l’orgueil suggére à l’homme, que tout soit fait pour lui ; on y fait voir la folie & l’injustice de ces plaintes, lorsqu’il regrette les qualités qu’il n’a point,& qu’il envie celles des autres créatures:enfin on y justifie la providence attaquée par ces plaintes, en établissant cette vérité : QUE TOUT CE QUI EST, EST BIEN. C’est par là que la premiére Epître ſe termine , & c'eſt la conſéquence de tout ce qu'elle renferme.

La ſeconde Epître traite de la nature & de l'état de l'homme par raport à lui-même conſidéré comme individu. Mr. Pope qui vers la fin de la premiére Epître a tracé un portrait poétique de la divinité , commence celle-ci par le portrait de l'homme. C'eſt un être d'une nature mixte , borné dans ſes facultés, ſujet à beaucoup de foibleſſes : il eſt un mêlange de paſſion & de raiſon , de vices & de vertus. C'eſt ce que l'auteur explique & dé-

veloppe dans tout le cours
de cette Epître. En voici
une courte déduction. Il y
a deux principes de nos actions : l'amour propre & la
raifon ; l'un & l'autre font
également   néceffaires.
L'un fait agir & l'autre retient, & ces principes ont
plus ou moins de force à
proportion de la proximité
de leur objet. Ils s'uniffent
en ce point final, de rechercher le plaifir & de fuir la
peine. Les paffions font
les modifications de l'a-
mour propre : elles font les
élémens qui compofent
l'homme, & qui par confé-
quent ne peuvent être dé-

truites, mais qu'on doit modérer. Des paſſions mêmes
naiſſent les principes de nos
vertus ; vertus diſtinguées
des vices , quoiqu'elles en
ſoient fort voiſines, & qu'elles leur ſoient, pour ainſi dire, aparentées. L'homme eſt
un cahos d'ombres & de lumiéres , qui ne peut être ſé-
paré , dit M. Pope , que *par
le Dieu qui eſt en nous* ; c'eſt
auſſi l'expreſſion d'Ovide ,
eſt Deus in nobis. Toutes nos
paſſions , même nos vices ,
ſont des inſtrumens de la
providence , des moyens
du bien général. L'Auteur
inſiſte beaucoup ſur ce
principe qui réſulte natu-

rellement de ce qu'il a établi dans la premiére Epître,
où il a fait voir qu'on doit
tout raporter à la totalité
de l'univers, & à l'être su-
prême n'agiſſant que pour
une ſeule grande fin. En
effet, des foibleſſes que la
ſageſſe de la providence a
diſtribuées aux différens ordres, il en réſulte leur dépendance, leur union, leur
force. Des paſſions ſorta-
bles accompagnent chaque
état, & ce que la connoiſſance peut renverſer, ces
paſſions le relévent. De cette ſage diſtribution de foibleſſes & de paſſions ſuit
cette conſéquence, que
QUOI-

Quoique l'Homme soit folie, Dieu est toute sagesse. Toute la seconde Epître tend à prouver la vérité de cette maxime.

La troisiéme Epître traite de la nature & de l'état de l'homme consideré par raport à la société. L'Auteur y envisage d'abord l'union & la relation générale de tous les êtres ; les dépendances mutuelles de l'homme & de la bête , & leurs services réciproques: il traite ensuite des divers liens de société qui unissent les hommes entr'eux , & qui proviennent de notre nature , de nos besoins , de la

B

religion & du gouverne-
ment. Grands objets qui
font le fujet de cette troi-
fiéme Epître. Il faut donner
un peu plus d'étendue à ces
idées. Le monde eft un fiftême de fociété : rien n'é-
xifte à part, rien n'eft fait
entiérement pour lui-mê-
me, ni entiérement pour
les autres. L'homme en-
graiffe l'oifon : fa luxure,
fon plaifir, fa vanité l'en-
gagent à prendre foin d'un
grand nombre d'animaux;
& ces animaux relative-
ment à leur dégré de con-
noiffance font au moins autant fondés à croire l'homme fait pour eux, que

l'homme l'eſt à croire la création faite pour lui. S'ils contribuent au bonheur de l'homme, l'homme ne contribue pas moins au leur. Il y a pour tous un bonheur mutuel. Chacun a un dégré de connoiſſance qui lui eſt propre, & qui eſt proportionnel à ſon état. Si l'homme eſt pourvû de la raiſon, la bête eſt pourvûe de l'inſtinct : l'un & l'autre produiſent également le bonheur de chaque individu : ils produiſent les mêmes effets par raport à la ſociété. Ils marchent par des routes différentes vers le même but. C'eſt même l'in-

ſtinct qui forme entre les
hommes les premiers liens,
la raiſon les reſſerre : ainſi
la raiſon eſt guidée par l'inſtinct ; ainſi la paſſion &
la vertu marchent par tout.
Ce n'eſt pas que le premier
état de la nature fût un état
d'aveuglement , c'étoit au
contraire le régne de Dieu;
& ſi depuis l'homme eſt
parvenu aux arts, ce n'eſt
qu'en ſuivant la nature &
qu'en copiant l'inſtinct. Il
a trouvé parmi les bêtes des
modéles de ſociétés & de
gouvernemens. L'amour,
les craintes & les beſoins,
furent les motifs qui enga-
gérent les hommes à les

établir. Le premier des gouvernemens fut celui des Patriarches qui étoient les Rois, les Prêtres & les Péres de leur état : leur fin aprit à leurs sujets à remonter à un premier Pére, à un premier Etre ; ils l'aimérent, ils s'aimoient entr'eux: tout alors n'étoit qu'amour. C'est la crainte qui a établi la tirannie ; la force aidée par la superstition, produisit la crainte ; les hommes devenus tirans & vicieux crurent dans des Dieux tirans & vicieux. L'amour propre aveugle fut le principe de ces maux, & le même amour propre éclairé les rectifia, & aprit qu'un gouvernement fondé fur la violence ne peut fubfifter long-tems. De-là l'établif- fement des Loix qui font fondées fur les befoins mu- tuels ; & de-là l'établiffe- ment de cette vérité fonda- mentale, que pour l'amour de foi-même, il faut aimer les autres, & que par con- féquent LE VERITABLE AMOUR PROPRE & L'A- MOUR SOCIAL NE SONT QU'UN.

La quatriéme Epître trai- te de la nature & de l'état de l'homme par raport au bonheur. Mr. Pope y prou- ve que la vertu feule peut faire, & fait ici-bas notre bonheur. Il commence cette Epître en s'adreſſant au bonheur d'une maniére tout-à-fait poétique ; il fait voir enſuite qu'il a été mal défini par les Philoſophes. C'eſt un but auquel tous les hommes tendent par l'impulſion de la nature, & qu'ils doivent par conſé-quent pouvoir atteindre : & comme Dieu n'agit point par des loix particuliéres mais par des loix généra-les, & que toute la nature n'eſt qu'un ſeul ſiſtême, le bonheur doit conſiſter, non dans le bien d'un ſeul, mais dans le bien de tous ;

le bonheur de l'un doit dépendre de celui de l'autre, & tout bonheur particulier du bonheur général. Il ne peut consister dans la possession des biens de la fortune qui pour l'ordre, la paix & le bien-être de la société doivent être inégalement distribués ; la providence néanmoins balance cette inégalité par la crainte & l'espérance. On se fait une fausse idée de la nature des biens : ils ne consistent qu'en trois choses ; la *santé*, la *paix* & le *nécessaire*. La vertu seule donne la paix & joint à la jouissance des deux autres, un plaisir que

le

le fcélérat ne peut avoir ; elle maintient même la fanté par la tempérance ; un honnête travail peut lui donner le néceffaire : tous les avantages du vice, elle les fuit & les dédaigne. Les maux que l'homme vertueux peut effuyer font des maux & des accidens que le hazard donne à tous, & que l'erreur feule peut accufer d'être des effets particuliers de la vertu. Ils font dans l'ordre du grand fiftême, & ce n'eft que la folie qui puiffe défirer que Dieu altére l'ordre général en faveur d'un particulier. Qui perd de vue ce grand objet, se fait une idée fausse, également & de l'homme juste & du prix qui lui est dû. La vertu & le vice ont leur récompense & leur punition propre, le repos ou l'agitation de l'ame, l'aprobation ou le reproche de la conscience. Le vice entraîne avec lui un levain qui empoisonne tout : richesses, dignités, naissance, grandeurs, renommée & même talens supérieurs, rien ne peut rendre heureux un homme vicieux. Il n'y a que la vertu seule qui puisse extraire du bien de tous les objets ; elle seule peut faire goûter le bien sans le

mélange du mal. La vertu
confifte dans l'amour de
Dieu & celui du prochain.
Ce n'eft que l'amour de
Dieu & celui du prochain,
qui peut conftituer un bonheur qui s'accorde avec le
fiftême général, qui s'accorde avec notre fiftême particulier, & qui fafle dépendre
tout bonheur particulier du
bonheur général : propriétés caractériftiques de la
véritable vertu & du véritable bonheur. Leur liaifon &
leur reffemblance prouve
QUE LA VERTU SEULE FAIT
ICI BAS NOTRE BONHEUR.

Il y a dans cet extrait,
quoique long par rapport

aux bornes d'une Préface
ordinaire, bien des liaifons
de raifonnement qui font
omifes, & réfervées à l'attention du Lecteur. Il eût
été à fouhaiter qu'on eût
fait cette Traduction en
vers. Les Principes, les Maximes, les Préceptes frappe-
roient davantage, fe retien-
droient plus facilement :
mais la richeffe de la langue,
& la fléxibilité des régles de
la Poéfie Angloife rendent
en cette Langue la verfifica-
tion beaucoup plus facile
qu'elle n'eft en François.
D'ailleurs, il n'y a peut-être
en Angleterre que M. Pope,
à qui l'affujettiffement de la

mefure & de la rime , loin d'être un obftacle à la brié-veté & à la précifion , puiffe au contraire être un moyen de facilité. Par cette rai-fon, quelqu'extraordinaire qu'elle paroiffe , & par celle qui la précéde , M. Pope a préféré la Poéfie à la Profe. Sa précifion eft l'effet d'un art fupérieur : elle donne beaucoup de force & de grace à des inftructions qu'il étoit autrement diffi-cile de produire fans être fec ou devenir ennuyeux. Ces raifons doivent faire con-noître que l'ouvrage étoit très-difficile à traduire ; la plupart des Anglois ne ba-

lancent point à le croire in-
traduisible; & je pense qu'en
effet toutes les Traductions
que l'on en pourroit faire,
ne sçauroient être qu'inférieures à l'original. Si l'on
trouve donc dans le stile de
celle-ci quelque dureté,
quelque mot hazardé, que
ces raisons en soient l'excu-
se. D'ailleurs on a cru devoir sacrifier la délicatesse
à l'éxactitude & à l'énergie.
Le Traducteur n'a eu d'autre objet que de faire con-
noître, autant qu'il a pû,
l'Ouvrage tel qu'il est; &
ces sortes de Traductions
ont leur utilité particuliére,
en ce qu'elles ne déguisent

point le goût & le caractére des ouvrages d'une nation : car chaque nation a ſes mœurs, obſervation qu'un lecteur judicieux ne perd jamais de vue.

On a prétendu qu'il **y** avoit du Spinoſiſme dans cet eſſai ſur l'homme. La ſageſſe, la bonté, & la providence de Dieu, la dépendance de l'homme à l'égard d'un eſprit ſuprême & créateur, y ſont évidemment ſuppoſées & prouvées ; ce qui eſt directement contraire au ſiſtême de Spinoſa. On n'a donc pû critiquer que quelques expreſſions : en ce cas, ces expreſ-

fions pour être trouvées vi-
cieufes ont dû être fépa-
rées du corps de l'ouvrage,
dont l'efprit en corrige l'a-
bus. Epiloguer de la forte,
c'eft agir contre les régles
d'une faine critique ; & même d'ailleurs on eût dû con-
fidérer qu'on ne doit pas in-
terpréter rigoureufement
& théologiquement des
faillies & des efforts poéti-
ques. Le P. Tournemine Jé-
fuite, un des premiers hommes de lettres qu'il y ait en
France, & reconnu pour juge compétent, foit comme
théologien ou comme phi-
lofophe, écrivit au traducteur après avoir lû cet ou-

vrage , *il ne nuira qu'aux ef-*
prits corrompus qui tournent
tout en venin ; un efprit droit
en tirera un bon fuc , de gran-
des vues & des maximes uti-
les. On croit ne devoir pas
oublier ici ce qu'il marque
dans la même lettre: *Je fuis*
charmé de Pope ; c'eft un phi-
lofophe profond & un poéte
vraiment fublime. Cela n'eft
pas moins à la louange de
M. Pope, qu'à la juftifica-
tion de l'ouvrage qui a donné lieu à cet éloge.

Cette traduction a déja
été imprimée à Paris fur un
manufcrit dont le défordre
a donné lieu à un nombre
de fautes. D'ailleurs on l'a-

voit altéré en quelques endroits pour des raiſons dont
le détail ſeroit inutile au
lecteur. Ces motifs ont en-
gagé le traducteur à faire
imprimer à Londres, ſous
ſes yeux, cette nouvelle
édition.

ESSAI

ESSAI
SUR
L'HOMME.

EPITRE PREMIERE.

De la nature & de l'état de l'Homme par rapport à l'Univers.

R EVEILLONS-NOUS, Milord : laiſſons les petits objets à la baſſe ambition & à l'orgueil des Rois. Puiſque la vie ne s'étend & ne ſe termine guéres qu'à regarder ce qui nous environne & à mourir, parcourons donc au moins

cette scéne de l'Homme : Prœ
digieux labyrinthe , mais qui a
pourtant sa régularité ; campa-
gne où la fleur croît confondue
avec le chardon, jardin qui ten-
te par des fruits défendus. Allons ensemble , parcourons ce
vaste champ ; & soit couvert ou
découvert , voyons ce qu'il renferme. Pénétrons les routes les
plus cachées, transportons-nous
sur les endroits les plus élevés ; &
découvrons également ce qui
rampe dans l'aveuglement ; &
ce qui se perd dans l'élévation.
Examinons les promenades de
la nature : frapons la folie dans
sa course, & saisissons les mœurs
dans leur naissance. Rions lorsqu'on le doit ; montrons de la
candeur lorsqu'on le peut : mais
justifions aux hommes les voyes
de Dieu.

Nous ne pou-
vons juger de
l'homme que

Que pouvons - nous dire de
Dieu ou de l'homme, qu'en rai-

fonnant en conféquence de ce que nous connoiffons ? Et que connoiffons-nous de l'homme ? feulement fa demeure ici-bas : c'eft d'où partent, c'eft à quoi fe rapportent tous nos raifon-nemens. Quoique Dieu fe ma-nifefte par des mondes innom-brables, c'eft à nous de le re-chercher dans celui où il nous a placés. Celui qui pourroit per-cer au travers de la vafte im-menfité, voir des mondes entaf-fés fur d'autres mondes former la totalité de l'univers, obferver le rapport des régles fiftémati-ques d'une partie aux régles fif-témátiques d'une autre, recon-noître d'autres planettes, d'au-tres foleils ; quels font les diffé-rens êtres qui habitent chaque étoile : celui-là pourroit dire pourquoi Dieu nous a formés tels que nous fommes. Notre ame tranfcendante a t-elle pénétré les reſſorts de cet univers, les ſupports mutuels, & les liens de ſes différentes parties, leurs connéxions, leurs dépendances & leurs gradations ? Petites parties de ce tout, pouvons-nous le comprendre ?

Cette grande chaîne qui attire & réunit toutes les parties, & qui par cette harmonie conſerve le tout, eſt-elle entre les mains de Dieu, ou entre celles de l'homme ?

Homme préſomptueux, prétens-tu découvrir la raiſon d'où vient que tu as été formé ſi foible, ſi petit, ſi aveugle ? Premiérement, ſi tu le peux, trouve la raiſon d'où vient que tu n'as pas été formé plus foible, plus petit, & encore moins éclairé. Fils de la terre, demande-lui pourquoi les chênes ſont plus hauts & plus forts que les ronces auſquelles ils donnent de l'ombra-

ge:oudemande aux plaines azu-
rées pourquoi les ſatellites de
Jupiter ſont moindres que Jupiter ?

Si on convîent que de tous les
ſiſtêmes poſſibles, la ſageſſe infinie doit préférer le meilleur ,
où tout doit être rempli , parce
qu'autrement il n'y auroit point
de cohérence ; & où tout ce qui
eſt , eſt dans le degré où il doit
être : il eſt donc évident que
dans les divers degrés de la vie
& des ſens , il doit y avoir quelque part un être tel que l'homme. Et toute la queſtion (que
l'on diſpute tant que l'on voudra) ſe réduit à ce point; ſi Dieu
a fait injuſtice à l'homme en le
plaçant dans le degré où il eſt ?

Cette même choſe que nous
appellons injuſtice par rapport
à l'homme , étant conſidérée
comme relative au tout , non
ſeulement peut , mais encore

doit être juste. Dans les ouvrages humains, poursuivis avec un
travail pénible, mille mouvemens produisent à peine une
seule fin. Dans les ouvrages de
Dieu, un simple mouvement
non-seulement produit sa fin,
mais encore seconde une autre
opération. Ainsi l'homme qui
paroît ici le principal Etre, ne
joue peut-être que le rôle de second par rapport à une sphére
inconnue, est le mobile de quelque roue, le moyen de quelque fin : car nous ne voyons
qu'une partie, & non le tout.

Quand un fier coursier con-
noîtra pourquoi l'homme le mo-
dére dans sa course orgueilleuse,
ou le pousse au travers des plaines : quand le bœuf stupide sçau-
ra pourquoi il sillonne la terre,
ou pourquoi métamorphosé en
Dieu Egyptien il est couronné de
guirlandes : alors la sotte présomption

ſomption de l'homme pourra comprendre l'uſage & la fin de ſon Etre, de ſes paſſions & de ſes actions : pourquoi il agit & il ſouffre, il eſt retenu & il eſt ex-cité : pourquoi dans ce moment, il eſt un eſclave ; dans un autre moment, une divinité.

Ne diſons donc point que l'homme eſt imparfait, que le Ciel a tort : diſons plutôt que l'homme eſt auſſi parfait qu'il doit l'être : ſon être eſt propor-tionné à ſon état, au lieu qu'il occupe ; ſon tems n'eſt qu'un mo-ment, un point eſt ſon eſpace.

Le Ciel cache à toutes les créatures le livre du deſtin, ex-cepté la page néceſſaire, celle de leur état préſent ; il cache aux bêtes ce que l'homme connoît, aux hommes ce que connoiſſent les eſprits : autrement qui pour-roit ici-bas ſupporter ſon exiſ-tence ? Ta volupté condamne

D

aujourd'hui l'Agneau à la mort; s'il avoit ta raison, bondiroit-il & se joueroit-il sur la plaine ? Content jusqu'au dernier moment, il broute le pâturage fleuri, & léche la main qui s'éléve pour l'égorger. O ignorance de l'avenir, qui nous est charitablement donnée, afin que chacun puisse remplir le cercle que lui a marqué le Ciel qui voit d'un œil égal, étant le Dieu de tous, un héros périr, & un passereau tomber; les atômes se confondre, ou les Cieux se bouleverser; une bulle d'eau, ou un monde s'éclater.

Homme sois donc humble dans tes espérances, & ne prends d'efforts qu'avec crainte. Attends ce grand Maître, la mort: & adore Dieu. Il ne te fait point connoître quel sera ton bonheur à venir, mais il te donne l'espérance pour être ton bonheur

préfent. Une efpérance éternelle fleurit dans le cœur de l'homme : il n'eft jamais heureux , il
doit toujours l'être. L'ame in-
quiéte & renfermée en elle-mê-
me , fe repofe & fe proméne
dans la vie à venir.

Voyez ce pauvre Indien dont
l'ame non inftruite voit fon
Dieu dans les nuées, ou l'entend
dans le vent. Une fcience or-
gueilleufe n'apprit point à fon
ame à s'élever auffi haut que
l'orbe du Soleil, & que la voye
lactée. Et cependant la fimple
nature lui donna l'efpérance
d'un Ciel plus bas au-delà d'une
montagne dont le fommet eft
enveloppé dans les nuages, d'un
monde moins dangereux dans
l'épaiffeur des forêts ; de quelqu'ifle plus heureufe fituee au
milieu d'une plaine liquide, où
ce pauvre efclave retrouve encore une fois fon pays natal ; nul

démon qui l'y tourmente, & point de Chrétiens altérés dè l'or. D'éxister, satisfait ses désirs naturels : il ne souhaite point les aîles des Anges, ni le feu des Séraphins ; mais il croit que son chien fidéle admis dans le même Ciel lui tiendra compagnie. Toi donc, qui es plus habile, péze dans les balances de ta raison ton opinion contre la Providence : appelle imperfection ce que tu t'imagines tel : Dis, ici Dieu donne trop, là il donne trop peu : Détruis toutes les créatures pour ton goût & ton plaisir ; & crie cependant, si l'homme est malheureux, si l'homme seul n'occupe pas tous les soins d'enhaut, s'il n'est pas le seul Etre parfait ici-bas, immortel dans le Ciel, Dieu est injuste : arrache de ses mains la balance & le sceptre ; juge la justice même, & sois le Dieu de Dieu.

Un orgueil qui vise à de trop hautes connoissances, & qui prétend à une perfection au-dessus de la portée de l'homme, est la cause de ses erreurs & de sa misere.

Cher Milord & ami, notre erreur vient d'une raison orgueilleuse. On fort de fa fphére & l'on s'élance vers les Cieux. L'orgueil vife toujours aux demeures céleftes : les hommes voudroient être des Anges, & les Anges des Dieux. Si les Anges qui ont afpiré à être Dieux font tombés, les hommes qui afpirent à être Anges, font rebelles; & qui veut renverfer les loix & l'ordre, péche contre la caufe éternelle.

Que l'on demande pour quelle fin brillent les corps céleftes? Pourquoi la terre exifte? L'orgueil répond? » c'eft pour moi. » Pour moi, la nature liberale, » éveille fes puiffances produ- » ctrices, fait germer l'herbe, » & épanouir les fleurs. Pour » moi le raifin renouvelle tou- » tes les années fon jus de ne- » ctar; & la rofe fes fraîcheurs

» odoriférantes. Pour moi, la
» mine enfante mille tréfors.
» Pour moi, la fanté découle de
» mille fources : les mers rou-
» lent leurs ondes pour me tranf-
» porter : le foleil fe léve pour
» m'éclairer ; la terre eft mon
» marchepié, & le Ciel eft mon
» dais.

Mais la nature ne s'écarte-t-
elle point de fa bonté & de fa
fin, lorfqu'un foleil brûlant dar-
de des rayons mortels ; lorfque
des tremblemens de terre en-
gloutiffent des villes, & que des
inondations fubmergent des
peuples entiers.

Non, répondra l'orgueil :
» la premiére caufe toute-puif-
» fante n'agit point par des loix
» particuliéres, mais par des
» loix générales. Les exceptions
» font rares. Il y a eu quelques
» altérations depuis le commen-
» cement, mais qu'y a-t-il de
» créé qui foit parfait ?

Pourquoi donc l'homme le feroit-il ? Si la félicité humaine eſt la grande fin, que la nature s'en écarte, pourquoi l'homme ne s'en écarteroit-il pas auſſi ? Cette fin n'éxige pas moins un cours conſtamment alternatif de pluïes & de beautems, qu'une révolution continuelle de déſirs dans l'homme : elle éxige auſſi peu des printems éternels & des cieux ſans nuages, que des hommes toujours ſages, calmes & tempérés : ſi des peſtes ou des tremblemens de terre ne renverſent pas l'ordre preſcrit par le Ciel, pourquoi l'exiſtence d'un Borgia ou d'un Catilina le renverſeroit-elle ? C'eſt de l'or-gueil que jailliſſent nos raiſon-nemens : jugeons des choſes mo-rales, ainſi que des choſes natu-relles. Pourquoi blâmer le Ciel dans celles — là, & le diſculper dans celles-ci ? Dans les unes &

dans les autres, pour bien raiſonner, il faut ſe ſoumettre.

Peut-être nous paroîtroit-il mieux que dans le monde phyſique tout fût harmonie, que dans le monde moral tout fût vertu, que jamais l'air ou l'océan ne reſſentît le ſouffle des vents, & que jamais l'ame ne fût agitée par aucune paſſion ? Mais tout ſubſiſte par un combat élémentaire, & les paſſions ſont les élémens de la vie. L'ordre général a été obſervé depuis le commencement, & dans la nature, & dans l'homme.

Que voudroit-il cet homme? tantôt il s'éléve, & moindre qu'un Ange il voudroit être davantage: tantôt baiſſant les yeux vers la terre, il paroît chagrin de n'avoir point la force du taureau, & la fourure de l'ours : s'il dit que toutes les créatures ſont faites pour ſon uſage, de quel uſage

uſage lui ſeroient-elles, s'il en avoit toutes les propriétés ?

La nature libérale ſans profuſion, leur a aſſigné des organes, des facultés propres ; elle les a dédommagées de chaque beſoin apparent, les unes par des degrés de vîteſſe, les autres par des degrés de force*, tout dans une proportion éxacte avec leur état. Il n'y a rien à ajoûter, rien à diminuer. Chaque bête, chaque inſecte eſt heureux dans ſon état. Le Ciel ſeroit-il donc cruel pour l'homme, & pour l'homme ſeul? Celui-là ſeul qu'on appelle raiſonnable, ne ſera-t-il ſatisfait de rien à moins qu'il n'ait tout ?

Le bonheur de l'homme, (que l'orgueil ne le crût-il ainſi?) n'eſt pas de penſer ou d'agir au-

---

* C'eſt un axiome dans l'anatomie des créatures, que leur force ou leur vîteſſe eſt plus grande ou moindre dans une propor-tion relative l'une à l'autre.

E

delà de l'homme même, d'avoir
des puissances de corps & d'esprit au-delà de ce qui convient à
sa nature & à son état. Pourquoi
l'homme n'a-t-il point un œil
microscopique ? en voici une
raison claire: l'homme n'est pas
une mouche. Et quel en seroit
l'usage, si l'homme pouvoit con-
siderer un ciron, & que sa vûe ne
pût s'étendre jusqu'aux Cieux ?
Quel seroit l'usage d'un toucher
plus délicat, si, sensibles & trem-
blotans de tout, les douleurs &
les agonies s'introduisoient par
chaque pore ? D'un odorat plus
rafiné, si les parties volatiles
d'une rose par leurs vibrations
dans le cerveau, nous faisoient
mourir de peines aromatiques?
D'une oreille plus fine ? La Nature tonneroit toujours, & nous
étourdiroit par la musique de
ses sphéres roulantes. O combien nous regretterions alors

que le Ciel nous eût privé du doux bruit des zéphirs & du murmure des ruisseaux ! Qui peut ne pas reconnoître la bonté & la sagesse de la Providence , également & dans ce qu'elle donne, & dans ce qu'elle refuse?

Autant que les divers & nombreux degrés de la création s'étendent , autant se diversifient les degrés des facultés sensitives & intellectuelles. Quelle gradation depuis ces millions d'insectes qui peuplent les champs, jusqu'à la race impériale de l'homme? Que de modifications différentes dans la vûe entre ces deux extrêmes , le voile de la taupe, & le rayon du linx! Dans l'odorat, entre la cruelle lionne *, & le chien si habile à la

Dans l'univers visible, il y a un ordre & une gradation générale, d'où resulte une subordination de créatures à créatures, & de toutes à l'homme. Gradation de sens, d'instinct , de pensée, de réflexion , & de raison.

* Lorsque les Lions des déserts d'Afrique vont à l'entrée de la nuit chercher leur proye, ils font d'abord un grand rugissement, qui fait fuir les autres bêtes : ensuite

piſte! Dans l'ouye, depuis ce qui vit dans l'onde, juſqu'à tout ce qui gazouille dans les feuillages du Printems! Que le toucher de l'araignée eſt exquis! Senſible à la plus légere impreſſion qui affecte le moindre fil de ſa toile, elle paroît vivre dans l'ouvrage qu'elle a tiſſu. Que la délicate abeille a le ſentiment ſubtil & ſûr, pour extraire d'une herbe venimeuſe une roſée bienfaiſante! Quelle différence d'inſtinct entre celui d'une truye qui ſe vautre; & entre le tien, éléphant, être preſque raiſonnable! Que la barriere eſt mince entre l'inſtinct & la raiſon; ſéparés pour toujours, & toujours très-proches! Quelle alliance entre la réflexion & le reſſouvenir! Que peu de choſe diviſe le ſentiment de la

attentifs au bruit qu'elles font dans leur fuite, ils les pourſuivent, non par l'odorat, mais par l'ouye.

penſée ! Toutes ces facultés moyennes tâchent de s'unir ſans pouvoir jamais paſſer la ligne qui les ſépare. Sans cette juſte gradation entre les différentes créatures , les unes pourroient _ elles être ſoûmiſes aux autres & toutes à toi ? Toutes leurs puiſſances ſont vaincues pat toi ſeulement : ta raiſon n'eſt-elle pas ſeule toutes ces puiſſances enſemble ?

Regarde au travers de l'air, ſur la terre, ſur la mer, la matiére prête à éclore, s'agiter , crever, & produire. Quelle progreſſion d'êtres s'éleve en haut , s'étend ſur la ſurface, ſe cache dans la profondeur ! Quelle chaîne , qui commence depuis Dieu ? natures éthérées & terreſtres, Ange, homme, bête, oiſeau , poiſſon , inſecte ! O étendue que l'œil ne peut voir,

Cet ordre & cette ſubordination de créatures peut s'étendre encore beaucoup plus loin tant au-deſſus qu'au-deſſous de nous.

que l'optique ne peut atteindre, depuis l'infini jufqu'à toi, depuis toi jufqu'au néant ! Si nous pouvions empiéter fur les puiffances fupérieures , les inférieures le pourroient fur nous ; autrement il y auroit un vuide dans la créa-tion , où un degré étant ôté , toutes les propertions font ren-verfées ; où un chaînon étant rompu, toute la grande chaîne eft détruite ; & l'eft également, que ce chaînon foit le dixiéme ou le dixmilliéme.

Si chaque monde fe meut dans un ordre graduel qui n'eft pas moins de fon effence que de celle de l'univers, ce tout merveilleux ; la moindre confufion dans un feul, entraîneroit non-feulement la ruine de ce monde particulier , mais encore celle du grand tout. La terre perdant fon équilibre s'écarteroit de fon orbite : les planétes & le foleil

courroient fans régle au travers
des Cieux, les Anges préfidans
à chaque fphére en feroient pré-
cipités, un être s'abîmeroit fur
un autre être, un monde fur un
autre monde; toute la fondation
des Cieux s'ébranleroit jufques
dans fon centre, la nature fré-
miroit jufques au Trône de
Dieu: tout cet ordre admirable
feroit rompu. Pour qui ? pour
toi, ver méprifable ! O folie !
orgueil ! impiété !

Que fi le pié deftiné à fouler
la poufliére, ou la main deftinée
au travail, afpiroit d'être la tête:
fi la tête, l'œil, ou l'oreille fe
fâchoient de n'être que les purs
inftrumens de l'efprit qui les
gouverne: quelle abfurdité ! Et
ce n'en eft pas une moindre, fi
dans cette fabrique générale,
une partie prétend être une autre partie, & fe révolter contre

E iiij

la tâche ou la peine que le grand
Efprit ordonnateur de tout, a
marquée.

Tout ce qui eft, n'eft que partie d'un tout furprenant dont
la nature eft le corps, & dont
Dieu eft l'ame : il fe diverfifie
dans chaque être, & cependant
il eft toujours le même. Il eft
auffi grand dans l'œconomie de
la terre, que dans celle de la machine éthérée. Il échauffe dans
le foleil, rafraîchit dans le zé-
phir, brille dans les étoiles, &
fleurit fur les arbres. Il vit dans
chaque vie, s'étend dans toute
étendue, fe répand fans fe partager, donne fans rien perdre,
refpire dans notre ame, anime
notre partie mortelle, également parfait dans la formation
d'un cheveu que dans celle du
cœur, dans l'homme vil qui fe
plaint, & dans le Séraphin tranf-

porté qui n'eſt qu'amour & que louange : pour lui, rien de haut, de bas, de grand, de petit ; il remplit, il limite, il enchaîne, il égale tout.

Ceſſe donc, & ne taxe point cet ordre d'imperfection. Notre bonheur dépend de ce que nous blâmons. Connois ton être, ton point. Le Ciel t'a donné un juſte, un heureux degré d'aveuglement & de foibleſſe. Soûmets toi, ſûr d'être auſſi heureux que tu peux l'être dans cette ſphére ou dans quelqu'autre ſphére que ce ſoit ; & ſûr, ſoit dans l'heure de ta naiſſance, ſoit dans celle de ta mort, de trouver ton ſalut entre les mains de qui diſpoſe de tout. Toute la nature eſt un art, & un art qui t'eſt inconnu : le hazard eſt une direction que tu ne ſçaurois voir ; la diſcorde eſt une harmonie que

L'homme doit donc tant par raport à ſon état préſent, qu'à ſon etat futur, avoir une ſoumiſſion abſolue à la Providence.

tu ne comprends point ; le mal
particulier eſt un bien général :
& en dépit de l'orgueil, en dépit d'une raiſon qui s'égare,
cette vérité eſt évidente ; QUE
TOUT CE QUI EST, EST BIEN.

Fin de la premiere Epitre.

ESSAI

ESSAI
SUR
L'HOMME.

EPITRE II.

De la nature (et) de l'état de l'Homme par raport à lui-même consideré comme individu.

APRENS donc à te con-noître toi-même, & ne présume point de développer la divinité. L'étude propre de l'homme, est l'homme. Placé dans une espece d'isthme, être d'un état mixte, obscurément

habile, grossiérement grand,
avec trop de connoissance pour
le doute sceptique, & trop de
foiblesse pour la fierté stoïque;
il est comme suspendu entre
deux, dans l'incertitude d'agir
ou de ne rien faire, de se croire
un Dieu ou une brute, de donner la préférence ou au corps
ou à l'esprit. Il n'est né que pour
mourir; il ne raisonne presque
que pour s'égarer; & telle est
cette raison, qu'elle s'égare également pour penser trop & pour
penser trop peu : cahos de rai-
sonnement & de passions; tout
est confus : continuellement
abusé ou désabusé par lui-même: créé en partie pour s'élever,
& en partie pour tomber; maître
de toutes choses, & lui-même
cependant la proye de toutes :
seul Juge de la vérité, & se pré-
cipitant sans fin dans l'erreur :
la gloire, le jouet, l'énigme du

monde. Va, créature furprenan-
te, monte où les fciences te por-
tent ? mefure la terre, péfe l'air,
régle les marées, inftruis les planétes du cours qu'elles doivent
obferver: corrige le vieux tems,
& guide le foleil. Eleve-toi avec
Platon jufques à l'empirée, jufqu'au premier bien, au premier
parfait, au premier beau : ou entre dans les labyrinthes qu'ont
frayé fes fucceffeurs, & prétends
qu'en abandonnant le bon fens
tu imites Dieu ; femblable à ces
Prêtres de l'Orient qui par leurs
agitations orbiculaires, tom-
bent dans des vertiges , &
croyent par leurs tournoyemens
de tête, imiter le foleil. Va, &
apprends à la Sageffe éternelle
comment elle doit gouverner.
Enfuite rentre en toi-même, qu'y
retrouveras-tu ? imbécillité.

Lorfque dans ces derniers
tems les êtres fupérieurs virent

un homme mortel développer
les loix de la nature, ils admire-
rent une telle habileté dans une
figure terreſtre , & ils regarde-
rent Newton , comme nous re-
gardons un ſinge adroit.

Peut-il , cet homme qui en-
ſeigne aux Planétes les cercles
qu'elles doivent décrire, peut-il
décrire ou fixer un ſeul mouvement de l'ame?lui qui peut mar-
quer leurs points d'élévation &
d'abaiſſement, peut-il expliquer
ſon commencement ou ſa fin ?
Hélas : quel prodige! La partie
ſupérieure de l'homme peut s'é-
lever ſans obſtacle , & empiéter
d'art en art; mais quand l'homme travaille à ſon propre ouvrage & qu'il s'occupe de lui-même , à peine a-t-il commencé ,
que ce que la raiſon a tiſſu , la
paſſion le défait.

Deux principes régnent dans
l'homme ; l'amour propre qui

excite, & la raison qui retient.
Et n'appellons point l'un un
bien, l'autre un mal : chacun
produit sa fin ; l'un meut, l'autre gouverne. Ce qui convient
à leur coopération doit être
appellé bien ; ce qui y répugne,
doit être appellé mal.

L'amour propre source du
mouvement fait agir l'ame. La
raison, en comparant & balan-
çant, gouverne le tout. Sans l'un
de ces principes, l'homme seroit
dans l'inaction, & sans l'autre il
seroit dans une action sans fin.
Il seroit ou comme une plante,
fixé sur sa tige, pour végéter,
multiplier, & pourrir ; ou comme un météore enflammé tra-
versant le vuide sans aucune régle, détruisant les autres, détruit enfin par lui-même.

De ces deux principes d'im-
pulsion & de comparaison, le
premier doit avoir plus de force;

fon opération eft active ; il inf-
pire, il excite ; il preffe. Le fe-
cond eft tranquille & fans action ; il eft deftiné à avifer, déli-
bérer, retenir. La force de l'a-
mour propre eft plus puiffante, à
proportion de la proximité de
fon objet : le bien lui eft immé-
diat par le fentiment préfent. La
raifon ne l'envifage que dans un
certain tems, une certaine dif-
tance; elle le préfage dans l'avenir, le confidére dans les confé-
quences. Les tentations viennent en foule, en plus grand
nombre que les argumens:& ce
qu'on peut dire de mieux, c'eft
que la raifon a plus de lumiére, &
que l'amour propre a plus de
force. Pour le modérer, fervez-
vous de la raifon; écoutez-la &
la cultivez toûjours. L'attention, l'habitude & l'expérience
peuvent beaucoup ; chacune
d'elles fortifie la raifon, reftreint
l'amour propre.   Que

Que les subtils Scholastiques plus attachés à diviser qu'à réunir, apprennent à ces deux puissances amies, à se battre; eux, qui du tranchant le plus téméraire, séparent adroitement la grace de la vertu, & le sens de la raison; prétendus beaux esprits, qui, comme des foux, se font la guerre sur un mot qu'aussi souvent que généralement ils n'entendent point, ou qu'ils entendent de la même maniére pour le fond. L'amour propre & la raison tendent vers une seule fin : la peine est leur aversion, le plaisir est leur desir ; mais l'un avide voudroit dévorer son objet, l'autre voudroit extraire le miel sans blesser la fleur. Le plaisir, bien ou mal entendu, est notre plus grand bien, ou notre plus grand mal.

Nous pouvons appeller les passions, les modifications de l'a-

mour propre. Le bien réel ou
aparent les met en mouvement ;
mais comme tout bien n'eſt pas
de nature à être partagé, & que
la raiſon veut qu'on travaille à
ſe pourvoir , il y a des paſſions
qui , quoique concentrées en
nous-mêmes , peuvent , lorſque
les moyens ſont honnêtes , être
admiſes au rôle de la raiſon &
mériter ſes ſoins : les paſſions
qui aſpirent à partager les biens,
viſent à un plus noble but , an-
nobliſſent leur eſpéce , & pren-
nent le nom de vertus.

Que le Stoïque fier d'une in-
ſenſibilité oiſive ſe vante d'une
vertu inébranlable; ſa fermeté,
ſemblable à celle de la glace, eſt
une fermeté de contraction , &
qui fait retirer les eſprits vers le
cœur. La force de l'eſprit necon-
ſiſte point dans le repos , mais
dans l'action. Une tempête qui
s'éleve dans l'ame peut en rava-

ger une partie, mais par son action même en maintient la totalité. Nous naviguons diverse-
ment sur le vaste océan de la vie:
la raison en est la boussole, mais
la passion en est le vent. Ce n'est
pas dans le calme seul que l'on
trouve la divinité: Dieu marche sur les flots, & monte sur les
vents.

Les passions, ainsi que les élémens, quoique nées pour com-
battre, cependant mêlées &
adoucies s'unissent dans l'ouvrage de Dieu: il n'a point renversé
les passions, il n'a fait que les modérer, & il les a employées. Ce
qui compose l'homme, l'homme pourroit-il le détruire? Il suf-
fit que la raison maintienne les
passions dans la voye de la nature, qu'elle les assujétisse & les
gouverne, qu'elle soit elle-mê-
me docile à la nature & à Dieu.

L'amour, l'espérance, la joye,

la bande riante du plaisir ; & la
haine, la crainte, le chagrin,
triste cortége de la douleur ; les
uns mêlés aux autres avec art, &
renfermés dans leurs justes bornes, font & maintiennent la balance de l'esprit, composent les
lumiéres & les ombres dont le
contraste assorti fait la force &
le coloris de la vie.

Nous avons toujours des plaisirs, ou entre nos mains, ou de-
vant nos yeux ; & quand nous
n'en possédons plus, nous en en-
visageons. Toute l'occupation
du corps & de l'esprit est de saisir les présens, & de préparer
les futurs. Tous répandent leurs
charmes, mais leur effet n'est pas
égal. Nos différens sens sont
frappés par différens objets. De
là, différentes passions enflam-
ment les organes de la machine,
plus ou moins, suivant que ces
passions ont plus ou moins de

force; & de-là, la paffion qui domine dans le cœur, femblable au ferpent d'Aaron, engloutit les autres.

Comme l'homme peut être en recevant la vie, reçoit le principe caché de la mort, la maladie naiffante qui enfin doit l'emporter, croît & fe fortifie en même tems que le corps acquiert des forces & qu'il croît. De même la maladie de l'efprit infufée, pour ainfi dire, & mêlée avec notre conftitution, devient la paffion qui le gouverne. Toute humeur vitale deftinée à la nourriture du tout, fe jette fur cette partie foible tant du corps que de l'ame : à mefure que l'efprit s'ouvre & fe dévoile, tout ce qui échauffe le cœur ou remplit la tête, eft, par l'imagination qui y employe fes arts dangereux, détourné fur la partie malade.

C'eſt la nature qui donne la
naiſſance à cette paſſion ; c'eſt
l'habitude qui la nourrit. L'eſprit, la vivacité, les talens en
augmentent la malignité. La
raiſon même en éguiſe le tranchant, en redouble la force; ainſi que les rayons benins du ſoleil
augmentent l'acidité du vinai-
gre. La paſſion dominante, telle
qu'elle ſoit, ſoumet la raiſon.
Sujets malheureux d'une Reine
légitime, en obéïſſant à cette
foible Reine, c'eſt à une de ſes fa-
vorites que nous obéïſſons. Hélas! puiſqu'elle ne nous donne pas
des armes auſſi bien que des régles, que peut-elle faire de plus,
que de nous faire connoître notre foibleſſe? Accuſatrice ſévére,
mais impuiſſante amie, elle nous
aprend à plaindre notre nature,
mais non point à la corriger: ou
de juge devenant avocate, elle
nous perſuade le choix que nous

faifons ; s'il eft fait, elle le jufti-
fie. Cependant fiére de victoires
imaginaires, elle enchaîre de
petites paffions pour en faire
triompher une plus puiffante.
C'eft ainfi qu'un Médecin s'i-
magine avoir diffipé les humeurs, lorfque ces humeurs raf-
femblées produifent la goûte.

Oui, le chemin de la nature
doit être préféré. En ce chemin
la raifon n'eft point guide, elle
efcorte ; elle eft pour rectifier,
& non pour renverfer : elle doit
traiter la paffion dominante plus
en amie, qu'en ennemie. Cette
paffion eft une impulfion forte
qui dirige les hommes vers des
fins différentes. Agités par leurs
autres paffions, comme par des
vents changeans, les hommes
font par la paffion dominante,
conftamment jettés à une certaine côte. Qu'on foit épris d'a-
mour pour la puiffance ou pour

la science, pour l'or ou pour la
gloire, ou pour le repos (ce qui
est la plus forte des passions) toute la vie on poursuit son objet,
même aux dépens de la vie. Le
travail du Marchand, l'indifférence du Philosophe, l'humilité
du Moine, la fierté du Héros :
tout trouve également la raison
de son côté.

Les passions
servent à fixer
nos principes, &
à les fortifier.

L'artisan éternel, tirant le
bien du mal, ente sur cette passion nos meilleurs principes.
C'est ainsi que le mercure de
l'homme est fixé ; la vertu mêlée à sa nature en devient plus
forte : ce qu'il y a de grossier
consolide ce qui seroit trop rafiné ; unis d'intérêt, le corps &
l'esprit agissent de concert.

Comme un arbre ingrat au
soin du Jardinier, enté sur un
tronc sauvage devient fécond ;
de même les plus solides vertus
naissent des passions : la vigueur
d'une

d'une nature sauvage en fortifie
la racine. Quelle source de vertu
& d'esprit découle du chagrin,
de l'obstination, de la haine ou
de la crainte ? La colére donne
du zéle & de la force ; l'avarice
augmente la prudence ; la pares-
se entretient la Philosophie ; l'envie, qui tirannise une ame basse,
est émulation dans les sçavans &
dans les guerriers. Le plaisir rafiné & resserré dans de certaines
bornes, est un amour délicat,
& charme le sexe : & on ne trouve dans l'homme ni dans la femme aucune vertu qui ne puisse venir de l'orgueil, ou de la honte.

C'est ainsi que la nature (que
notre orgueil soit humilié par
cette réfléxion) nous donne
des vertus voisines & apparen-
tées des vices. La raison est comme le fort de la boule, qui détourne du mal vers le bien. Si
Néron l'eût voulu, il eût régné

Mélange du vice & de la ver-tu dans notre nature: proximi-té de leurs limi-tes, leur distinc-tion néanmoins certaine & évi-dente. Quel est l'office de la rai-son ?

G

comme Titus. L'impétuosité
qu'on abhorre dans Catilina,
charme dans Décius, est divine
dans Curcius. La même ambition produit ou la perte ou le sa-
lut ; elle fait un vrai citoyen, &
elle fait également un traître.

Qui peut séparer ces lumiéres
& ces ombres réunies dans notre
cahos ? Le Dieu qui est en nous.

Dans la nature, les extrêmes
produisent des fins égales : dans
l'homme, ils se confondent pour
quelque usage merveilleux,
quoique souvent si mélangés,
que la différence entre les bornes où la vertu finit & où le vice
commence, est trop délicate
pour être aperçûe : tantôt l'un
empiéte sur l'autre, ainsi que les
ombres & les lumiéres dans de
certains tableaux d'un travail
fini.

O quelle folie ! de vouloir de
là tirer cette conséquence, qu'il

n'y a ici-bas ni vices ni vertus.
Parce que le blanc & le noir seront mêlangés, adoucis, fon-
dus ensemble de mille maniéres
différentes, n'y aura-t-il plus
pour cela ni noir, ni blanc?
Consultez votre propre cœur,
rien n'est plus évident: c'est pour
les confondre qu'il en coûte &
de la peine & du tems.

Le vice est un monstre si hi-
deux, que pour le haïr, il suf-
fit de le voir. Cependant vû trop
souvent, il se familiarise à nos
yeux. D'abord nous le souffrons,
ensuite nous le plaignons, enfin
nous l'embrassons. Mais personne ne convient où est l'extrémi-
té du vice. Demandez, où est le
Nord? à York, c'est le Tweed:
en Ecosse ce sont les Orcades *,

* La Province d'York est la plus Septen-
trionale d'Angleterre. Le Tvveed est une
riviére qui sépare l'Angleterre & l'Ecosse.
Les Orcades sont des Isles au Nord de l'E-
cosse dépendantes de ce Royaume.

& là c'eſt le Groenland, la Zemble ou quelqu'autre pays. Perſonne ne conviendra d'être vicieux au plus haut dégré : il penſe que ſon voiſin l'excéde encore. Ceux qui ſont, pour ainſi dire, ſous la zone du vice même, ou ne ſentent point ſes fureurs, ou les déſavouent. Ce qui fera frémir un heureux naturel, un vicieux endurci prétendra que c'eſt un bien.

Tout homme doit être & vertueux & vicieux : peu le ſont à un dégré extréme, mais tous le ſont à un certain dégré. Le ſcélérat & le fou ſont vertueux & ſages par accès ; & quelquefois par accès l'homme de bien fait ce qu'il condamne. Nous ne ſuivons pas en tout, mais par partie, le bien & le mal ; car ſoit vices, ou vertus, l'amour propre les dirige. Chaque individu viſe à différens buts ; mais le grand but de Dieu est unique, & ce but c'est la totalité de l'univers. C'est lui qui contrequarre chaque folie & chaque caprice, qui détourne les effets de chaque vice, qui a donné d'heureuses foiblesses à tous les ordres; la honte aux Filles, & la fierté aux Dames; la crainte aux hommes d'état, & la témérité aux hommes de guerre; la présomption aux Princes; & la crédulité aux peuples. C'est lui qui peut produire les effets de la vertu par un principe de vanité; car l'homme vain ne recherche point l'intérêt, il est récompensé par la louange. C'est lui qui bâtit sur les besoins & les défauts de l'esprit, la joye, la paix & la gloire de l'homme.

de la Providence & des moyens du bien genéral. La sagesse de leur distribution aux différens ordres du genre humain.

Les cieux en nous mettant dans de mutuelles dépendances, maîtres, serviteurs, amis; nous ordonnent de nous aider réciproquement, ensorte que la foi-

Leur utilité pour la société & pour chacun en particulier dans tout état & dans tout âge.

bleſſe de chaque individu devient la force de tous. Le beſoin, les foibleſſes, les paſſions reſſerrent plus étroitement les liens de l'intérêt commun, ou les rendent plus chers. Nous leur devons la véritable amitié, l'amour ſincére, la joye intérieure dont nous jouiſſons dans cette vie ; & c'eſt d'eux auſſi que nous aprenons dans le déclin de l'âge à renoncer à l'amour & aux plaiſirs. La raiſon en partie, & en partie la décadence de notre nature nous aprennent à recevoir la mort, & à être calmes dans ce paſſage.

Quelle que ſoit la paſſion d'un homme, la ſcience, la renommée, ou les richeſſes, perſonne ne veut ſe changer contre ſon voiſin. Les ſçavans s'eſtiment heureux de rechercher la nature; l'ignorant eſt heureux de ce qu'il n'en ſçait pas davantage ;

le riche s'aplaudit de son abondance ; le pauvre se contente du
soin de la Providence ; l'aveugle danse, & le boiteux chante.
L'yvrogne se croit un Héros, &
le lunatique un Roy. Le Chimis-
te qui meurt de faim, est souve-
rainement heureux avec ses espérances dorées, & le Poéte
l'est avec sa muse.

Quelle merveilleuse consola-
tion accompagne chaque état ı
L'orgueil est donné à tous, comme un ami commun. Des passions sortables aident à chaque
âge : l'espérance voyage avec
nous & ne nous quitte point,
lors même que nous mourons.

Jusqu'à ce terme fatal, l'opinion avec ses rayons changeans
dore les nuages qui embélissent
nos jours. Le manque de bonheur est suppléé par l'espérance;
le manque de sens, par l'orgueil;
& ce que la connoissance peut

renverfer, ces paffions le relévent. La joye femblable à une
bulle d'eau, rit dans la coupe de
la folie. Qu'une efpérance foit
perdue, nous en recouvrons une
autre, & la vanité ne nous eft
pas donnée en vain. L'amour
propre devient même par la
puiffance divine une balance
pour pefer par nos befoins ceux
des autres. Avouons donc cette
vérité, d'où nous devons néanmoins tirer un motif de confo-
lation ; c'eft que, QUOIQUE
L'HOMME SOIT FOLIE, DIEU
EST TOUTE SAGESSE.

Fin de la feconde Epître.

ESSAI
SUR
L'HOMME.

EPITRE III.

De la nature & de l'état de l'Homme par raport à la société.

APRENDS, Homme borné, aprends que « la CAUSE » UNIVERSELLE n'agit que » pour UNE FIN, mais qu'elle » agit par différentes loix. » Dans toute la folie que peut inspirer la santé la plus vigoureuse, dans la pompe de l'orgueil & dans l'impudence des richesses, que

cette grande vérité te soit pré-
sente jour & nuit : qu'elle le soit
surtout au Prêtre qui prêche ,
au fidéle qui prie.

Considére le monde où tu es
placé; éxamine cette chaîne d'a-
mour qui rassemble & réunit
tout ici-bas comme en haut.
Vois la nature féconde travail-
ler à cet objet; un atome tendre
vers un autre atome , & celui
qui est attiré , en attirer un autre figuré & dirigé pour embraf-
ser son voisin. Vois la matiére ,
variée sous mille formes différentes se presser vers un centre
commun , le bien général : un
végétatif mourant est le soûtien
de la vie d'un autre, & quelquefois se dissout pour vivre une vie
nouvelle : une forme qui cesse
d'être est succédée par une autre forme , passant alternative-
ment de la vie à la mort , de la
mort à la vie ; semblable à une

bulle formée fur la mer de la nature, elle s'éléve, elle créve, elle retourne à la mer. Il n'y a rien d'étranger; toutes les parties font relatives au tout. L'efprit univerfel qui s'étend partout, qui conferve tout, unit tous les êtres, le plus grand au plus petit. La bête eft utile à l'homme, & l'homme eft utile à la bête. Tout eft fervi & tout fert. Rien n'éxifte à part : la chaîne fe perpétue, ou finit-elle ?

Homme infenfé, Dieu aura-t-il travaillé feulement pour ton bien, ton plaifir, ton amufement, ton ornement & ta nourriture ? Celui qui nourrit pour ta table le fan folâtre, a pour lui émaillé les prairies. Eft-ce à caufe de toi que l'allouette s'éléve dans les airs, & qu'elle gazouille ? La joye excite fes chanfons, elle agite fes aîles. Eft-ce à caufe de toi que la linotte fait reten-

‘ Rien n'eft fait ni entiérement pour lui-même, ni entiérement pour les autres.

tir ſes accens? ce ſont ſes amours & ſes propres treſſaillemens qui enflent ſon goſier. Un fier courſier pompeuſement manégé, partage avec ſon cavalier le plaiſir & la gloire. La ſemence qui couvre la terre eſt-elle à toi ſeul? Les oiſeaux reclameront leur grain. Eſt-ce à toi ſeul qu'apartient toute la moiſſon dorée d'une année fertile? Une partie paye & juſtement, le labour du bœuf qui la mérite. Le porc qui ne laboure point, & qui n'obéit point à la voix de l'homme, ſubſiſte par les ſoins de ce prétendu maître & ſeigneur de tout.

Sache donc que tous les enfans de la nature partagent ſes ſoins. La fourrure qui échauffe le Monarque a auparavant échauffé l'ours. Lorſque l'homme crie; voyez, tout eſt pour mon ſervice : Voyez l'homme qui eſt pour le mien, replique l'oiſon qu'on engraiſſe. Quel ſoin pour le garder, le loger, le nourrir & le bien traiter. C'eſt tout ce que l'oiſon connoît, il ne ſçait pas que c'eſt pour être mangé. Auſſi loin qu'oiſon peut porter ſes connoiſſances, l'oiſon raiſonne bien ; il ſe trompe ſur les deſſeins de l'homme, *qui ſont au-deſſus de ſa portée* : il en eſt de même de l'homme, plus oiſon que l'oiſon, lorſqu'il prétend que tout ſoit fait pour un, & non pas un pour le tout.

Suppoſé même que le plus fort régne ſur le plus foible, & que l'homme ſoit l'eſprit & le tiran de l'univers ; la nature matte ce tiran. Lui ſeul connoît & ſent les beſoins & les maux des autres créatures. Le milan fondant ſur un pigeon, frappé de la variété de ſon plumage, l'épargnera-t-il ? Le faucon écoute-t-il le chant

du roſſignol? Le geai admire-t-il
les aîles dorées des inſectes ?
L'homme ſeul s'intéreſſe pour
tous, il fait jouir les oiſeaux, des
bois; les bêtes, des pâturages; &
les poiſſons, des riviéres. Il prend
ſoin des uns par intérêt, ſon plaiſir l'excite à en ſoigner un plus
grand nombre d'autres, & un
plus grand nombre encore eſt
ſoigné par ſa vanité. Tous ſub-
ſiſtent par les ſoins d'un maître
vain, & jouiſſent de l'étendue
de bonheur qui naît de ſon luxe.
C'eſt lui qui préſerve contre la
famine & contre les bêtes ſauva-
ges, la vie de ce qu'une faim ſa-
vante convoitiſe ; il régale les
animaux qu'il deſtine à ſon ré-
gal : tant qu'ils éxiſtent, il les
rend heureux; ces animaux pré-
voyant auſſi peu le coup fatal, y
étant auſſi peu ſenſibles, qu'un
homme favoriſé du Ciel * pré-

* Pluſieurs Anciens & quelques Orien-

voit ou ressent le coup de la foudre. Ils ont joui de la vie avant
que de mourir ; ne devons-nous
pas aussi mourir après avoir joui
de la vie ?

Le Ciel favorable à tout être
qui ne pense point, ne lui donne pas la connoissance inutile de
sa fin : il la donne à l'homme ?
mais dans un tel point de vûe,
que dans le tems même que
l'homme la craint, Dieu la lui
fait souhaiter. L'heure étant ca-
chée, la crainte est éloignée ; &
la mort qui s'approche ne paroît
jamais voisine. O miracle toujours subsistant, que les cieux
n'ayent donné ce tour d'esprit,
qu'au seul être qui pense !

Sache, que soit doué de raison ou d'instinct, chaque être
jouit des facultés qui lui con-
taux de nos jours regardent ceux qui sont
frappés de la foudre comme des personnes
sacrées & particuliérement favorisées du
Ciel.

viennent le mieux ; que par leur
principe, tous également tendent au bonheur & trouvent des
moyens proportionnés à leur fin.
Les bêtes guidées par l'inſtinct,
qui ne s'égare jamais, ont-elles
beſoin d'un *autre guide infail-
lible* ? la raiſon, quelles qu'en
ſoient les facultés, n'a tout au
plus que de l'indifférence : elle ne
ſe ſoucie pas de ſervir, ou elle
ne ſert que lorſqu'elle y eſt pouſ-
ſée. Elle attend qu'on l'appelle,
& ſouvent même ne vient pas.
L'inſtinct toujours prêt à ſervir,
vient de lui-même : il n'abandonne jamais ; la raiſon manque
ſouvent. L'un ne peut aller que
droit, & l'autre peut aller de travers. Dans la nature des bêtes le
principe d'impulſion & de com-
paraiſon, double dans la nôtre,
n'eſt qu'un. Et ſi on le peut,
qu'on éléve la raiſon au-deſſus
de l'inſtinct : dans celui-ci c'eſt
Dieu

Dieu qui gouverne ; dans l'autre c'est l'homme.

Qui a apris aux habitans des
champs & des bois à éviter les
poisons, & à choisir leur aliment. Prévoyantes, les bêtes
sçavent pour résister aux tem-
pêtes ou aux marées, bâtir sur
la vague ou former des voûtes
sous le sable. Qui aprit à l'araignée à dessigner des paralléles
avec autant de justesse que de
Moivre *, sans régle & sans ligne ? qui enseigne aux cicognes,
semblables aux fameux Co-
lomb, à parcourir des cieux
étrangers & des mondes incon-
nus ? Qui convoque leur assem-
blée ? qui fixe le jour du départ ?
qui forme leurs phalanges ? &
qui leur marque le chemin ?

Dieu met dans la nature de
chaque être, la semence de son

* Fameux Mathématicien & Algébriste,
fort estimé par le grand Nevvton.

H

bonheur ; & il lui prefcrit des limites propres ; mais comme il a créé un univers, il a, pour rendre cet univers heureux, fondé fur de mutuels befoins le mutuel bonheur : c'eft ainfi que l'ordre éternel régne depuis le commencement, & que la créature eft liée à la créature, l'homme à l'homme. Tout ce que le Ciel vivifiant anime, tout ce qui refpire dans les airs, tout ce qui croît dans la profondeur des mers ou qui habite fur la terre, la nature le nourrit d'une flamme vitale, en fait éclore les femences productrices. L'homme non-feulement, mais tout ce qui erre dans les bois, tout ce qui vole dans l'air ou nage dans l'eau, s'aime foi-même, mais ne s'aime point uniquement : chaque féxe fe recherche. Leur plaifir ne finit point avec les vifs embraffemens : ils s'aiment & fe retrou-

vent encore une fois dans leur
race. Les bêtes & les oiseaux
s'acquittent de leur charge : les
méres nourriſſent & les péres
défendent. Les petits devenus
grands , ſont congédiés pour
courir la terre ou l'air : à cet âge
l'inſtinct paternel s'arrête, les
ſoins finiſſent , les liens ſe rom-
pent, chacun cherche de nouveaux embraſſemens : d'autres
amours commencent : une race
nouvelle ſuccéde.

L'eſpéce humaine moins capable de s'aider, demande des
ſoins de plus longue durée, &
ces ſoins produiſent des liens
plus durables. La réfléxion & la
raiſon les fortifient, l'amour &
l'intérêt les reſſerrent. On brû-
le par ſimpathie, on ſe fixe par
choix. Chaque vertu marche à
ſon tour après chaque paſſion.
De nouveaux beſoins, de nouveaux ſecours, de nouvelles ha-

H iij

bitudes entent la bienveillance
sur les bienfaits. Les races se
suivent : une en procrée une autre. Un amour d'habitude maintient l'union de la race qui procrée : un amour de nature maintient la race procréée. A peine
celle - ci est - elle parvenue à la
maturité de l'homme , elle voit
celle dont elle a reçû la vie , in-
capable de s'aider. La mémoire
& la prévoyance , l'une par le
souvenir d'une tendre jeunesse ,
& l'autre par la crainte d'une
vieillesse infirme, font naître de
justes retours : ainsi le plaisir ,
la reconnoissance & l'espérance
combinées donnent encore de
plus grandes forces à l'intérêt
mutuel , & préservent l'espéce.

Du premier état du monde. Que l'on ne croye point que
dans le premier état du monde
la créature marchât aveuglé-
ment. C'étoit le régne de Dieu.
L'amour propre & l'amour so-

cial naquirent avec le monde:
l'union fut lien de toutes chofes,
& de l'homme. Alors il n'y avoit
point d'orgueil, ni tous ces arts
qui aident à la vanité. L'homme & la bête jouiffant également des forêts, marchoient en-
femble à l'ombre des bois. Ils
avoient une même table & un
même lit. Des meurtres ne four-
niffoient point à l'homme fon
habillement & fa nourriture:
Une forêt retentiffante étoit le
temple général, où tous les êtres
à qui Dieu a donné les organes
de la voix, chantoient les louan-
ges de ce Pére commun. Le fan-
ctuaire n'étoit ni revêtu d'or, ni
fouillé de fang. Le Prêtre étoit
fans blâme, pur, éxempt de car-
nage & de vénalité. Un foin univerfel étoit l'attribut des cieux :
la prérogative de l'homme étoit
de gouverner, mais fans tiran-
nifer. O que l'homme des tems

qui devoient suivre, est diffé-
rent ! Sourd aux gémissemens
de la nature dont il est ennemi,
il est bourreau & tombeau de la
moitié de ce qui a vie, meurtrier
des autres êtres, & traître à lui-
même. De justes maladies naissent de son luxe, & les meurtres
qui l'assouvissent, vangent ce
qu'il a immolé. Les passions fu-
rieuses naquirent de ces premiers carnages, & attirérent
contre l'homme un animal plus
féroce, l'homme même.

La raison ins-
truite par l'ins-
tinct dans l'in-
vention des arts.

Voyons comment il s'éleva
peu à peu de la nature à l'art : le
partage de la raison étoit alors de
copier l'instinct. C'est ainsi que
la voix de la nature se fit en-
tendre à l'homme. « Va, dit-
» elle, & puise tes instructions
» dans les exemples des bêtes.
» Aprends des oiseaux les ali-
» mens que les arbrisseaux pro-
» duisent ; & des animaux les

» propriétés des herbes. Que l'a-
» beille t'enseigne à bâtir , la
» taupe à labourer , le vers à
» tisser. Aprends du petit Nau-
» tilus * à naviguer , à manier
» l'aviron, & à recevoir l'im-
» pression du vent. On trouve
» parmi les bêtes toutes les for-
» mes de société. Ici sont des
» ouvrages & des villes soûter-
» raines ; là sont des villes en
» l'air construites sur des arbres
» agités. Etudie le génie & la
» police de chaque petit peuple ;
» la république des fourmis &
» le royaume des abeilles : com-
» ment celles - là rassemblent
» leurs richesses dans des maga-

* C'est un poisson qu'Oppien décrit de
cette manière au livre premier. Il nage sur
la mer dans sa coquille qui ressemble au
corps d'un navire. Il éléve en l'air deux de
ses piés entre lesquels est une membrane
étendue qui lui sert de voile, & il se sert
de ses deux autres piés comme de deux ra-
mes. On voit ce poisson dans la Méditer-
ranée.

» fins communs, & confervent
» l'ordre dans l'anarchie : com-
» ment celles-ci, quoique fou-
» mifes à un feul maître, ont
» néanmoins chacune leur cel-
» lule féparée & leurs biens en
» propre. Remarque les loix in-
» variables qui préfervent leur
» état ; loix auffi fages que la
» nature, auffi immuables que
» le deftin. En vain ta raifon veut
» tiffer des toiles plus délicates,
» retenir la juftice dans le filet
» de la loy, & faire d'un droit
» trop rigide une fouveraine in-
» juftice: droit toujours trop foi-
» ble avec les gens forts & tou-
» jours trop fort avec les gens
» foibles. Va, régne fur toutes
» les créatures : que la plus ha-
» bile faffe obéir les autres: pour
» des arts apris des brutes on te
» couronnera, on t'adorera com-
» me un Dieu. »

Origine des   Ainfi parla la nature. L'homme

me docile obéit: des villes furent bâties , des sociétés furent
formées: ici s'éléve un petit état:
auprès il s'en éléve un autre , &
ils s'unissent par amour ou par
crainte. Les arbres produisent-ils
dans l'un des fruits plus exquis?
& les sources donnent-elles dans
l'autre des eaux plus salutaires ?
ce que la guerre pourroit ravir,
le commerce peut le donner ;
au lieu d'être ennemi, on devient ami : la communication
& l'amour unissoient fortement
le genre humain , lorsque l'a-
mour étoit encore libre & qu'il
n'y avoit de loix que celles de la
nature : c'est ainsi que les états
furent formés. Le nom de Roy
fut inconnu, jusqu'à ce qu'un intérêt commun plaçât le pouvoir
dans un seul. Alors la vertu ,
ou répandant le bonheur par les
arts, ou ne faisant la guerre que
pour éloigner les maux , cette

I

vertu de même nature que cel_
le qui fait obéir les enfans à
leurs péres, rendoit le Prince le
pére du peuple.

Gouvernement des Patriarches.

Jusqu'alors chaque Patriar-
che couronné par les mains de
la nature, étoit le Roy, le Prêtre
& le Pére de son état naissant.
Ses sujets se fioient sur lui, com_
me sur une seconde Providence. Son œil étoit leur loi, sa
langue leur oracle. Il leur aprit
à faire sortir leur aliment du sil_
lon étonné, à commander le
feu & contenir les eaux, à tirer
des monstres des plus profonds
abîmes de la mer, & de la terre
atteindre l'aigle qui habite les
airs. Enfin devenu languissant,
maladif & mourant, les peuples
commencérent à plaindre com_
me homme, celui qu'ils avoient
révéré comme Dieu. Ensuite en
remontant de pére en pére, ils
recherchérent un grand, un

premier Pére, & ils l'adorérent.
Ou bien la simple tradition que
cet univers a commencé, fit paſſer de pére en fils une foi non in-
terrompue. L'ouvrier étoit diſ-
tinctement connu par ſon ouvrage, & la raiſon n'en reconnut
jamais qu'un ſeul. Avant que
l'eſprit perverti eût altéré cette
lumiére, l'homme ſemblable à
ſon créateur, trouva que tout
étoit bon : il marchoit à la vertu dans les voyes du plaiſir : &
dans le Dieu qu'il reconnoiſſoit,
il reconnoiſſoit un pére. Alors
toute la foi, tout le devoir con-
ſiſtoit dans l'amour : la nature
n'admettoit dans l'homme aucun droit divin, & ne pouvant
apréhender aucun mal de Dieu,
elle ne croyoit pas qu'un être
ſouverain pût n'être pas un être
ſouverainement bon. Une vraye
foi, un bon gouvernement
étoient un is enſemble. L'u-

L'amour eſt
le principe de la
religion & d'un
vrai gouverne-
ment.

I ij

ne n'étoit que l'amour de Dieu, & l'autre l'amour de l'homme.

La crainte eſt le principe de la ſuperſtition & de la tiran nie. Origine & caractére de l'i-dolâtrie.

Qui le premier enſeigna à ces ames eſclaves & à ces royaumes ruinés, cette créance monſtrueuſe que pluſieurs ont été faits pour un; cette orgueilleuſe exception de toutes les loix de la nature, qui bouleverſe le monde & contrequarre la cauſe ſupréme? La force fit premiérement les conquêtes, & les conquêtes firent les loix. Juſqu'à ce que la ſuperſtition aprit à reſpecter le tiran, elle partagea la tirannie avec lui; & lui prêtant ſon ſecours, fit un Dieu du conquérant, & un eſclave du ſujet. Elle ſe prévalut du feu des éclairs, du bruit du tonnerre, du tremblement des montagnes, & des gémiſſemens de la terre, pour faire proſterner l'homme foible, & contraindre les orgueilleux à prier des êtres inviſibles & plus puiſſans qu'eux.

Du ciel qui s'éclatoit, elle fit
descendre des dieux, & sortir
des spectres infernaux de la terre qui s'entr'ouvroit. Elle fixa ici
des demeures terribles, & là des
demeures fortunées. La crainte
fit des démons, & une foible espérance fit des dieux ; dieux de
partialité, d'inconstance, de passion, d'injustice, dont les attri-
buts étoient la rage, la vengean-
ce, ou la luxure ; tels que des
ames lâches pouvoient les ima-
giner : cœurs tirans, ils crurent
dans des dieux tirans. Alors le
zéle & non la charité devint
leur guide : l'enfer fut bâti sur
la haine, & le ciel sur l'orgueil.
Alors la voûte céleste cessa d'ê-
tre sacrée : on construisit des
Temples : des Autels de marbre
furent élevés & arrosés de sang.
Pour la première fois les Prêtres
se nourrirent d'une chair vivan-
te, & ensuite souillérent de sang

humain leur idole hideuſe. Ils ébranlérent la terre par les foudres du ciel , & ſe ſervirent de Dieu comme d'une machine pour les lancer contre leurs ennemis.

C'eſt ainſi que l'amour propre borné dans un ſeul , ſans égard à ce qui eſt juſte ou injuſte, ſe fraye un chemin à la puiſſance, à l'ambition, aux richeſſes & à la volupté. Ce même amour propre répandu dans tous, fournit lui-même des motifs pour le reſtraindre, eſt la ſource du gouvernement & des loix. Car ſi ce qu'un homme déſire , les autres le déſirent auſſi ; que ſert la volonté d'un ſeul contre la volonté de pluſieurs ? Comment conſervera-t-il une choſe, ſi ou lorſqu'il eſt endormi, un plus foible la lui dérobe; ou lorſqu'il eſt éveillé , un plus fort la lui arrache ? L'amour de la ſûreté doit reſ-

traindre celui de la liberté, &
tous doivent s'unir pour la con-
fervation de ce qu'un chacun
défire d'acquérir. C'eft ainfi que
pour leur propre fûreté, les Rois
forcés à la vertu, cultivent la juftice & la bienveillance, que l'a-
mour propre abandonne fes
premiers mouvemens, & que le
bien privé fe trouve dans le bien
public.

C'eft ce qui fait qu'un efprit
confacré à l'étude ou qu'une ame
généreufe, un ami des dieux ou
un ami de l'homme, un Poéte ou
un bon citoyen, s'éléve pour ré-
tablir la foi & la morale que la
nature a premiérement donnée,
rallume fon ancien flambeau,
non point un flambeau nou-
veau : s'il ne peint point l'image
de Dieu, il en trace l'ombre :
il aprend aux Rois & aux Peuples à ufer de leurs juftes droits;

Rétabliffement de la vraye Religion, & d'un jufte gouvernement fur leur premier principe.

I iiij

à n'en point lâcher ni retenir trop la bride délicate ; à si bien accorder le grand avec le petit, que qui touche l'un ébranle l'autre ; & à si bien unir leurs intérêts naturellement contraires, qu'il en résulte une harmonie d'états bien concertés. Telle est la grande harmonie du monde qui naît de l'union, de l'ordre & du concert général de toutes choses, où le grand & le petit, le fort & le foible sont faits pour servir & non pour souffrir, pour fortifier & non pour envahir ; où l'on est d'autant plus puissant qu'on est plus nécessaire aux autres, & où l'on est heureux à proportion que l'on fait des heureux ; où tout tend à un seul point, où tout est porté vers le même centre, bêtes, hommes ou anges, serviteur, Seigneur ou Roi.

Laissez aux insensés à disputer sur la forme du gouvernement. Le mieux administré est le meilleur. Laissez les faux zélés disputer sur les différentes maniéres de croire : tout ce qui s'oppose à l'unique, à la grande fin, doit être faux : & tout ce qui contribue au bonheur du genre humain, & à la correction des mœurs, vient de Dieu.

L'homme semblable à la vigne, a besoin de support ; & la force qu'il acquiert vient de l'embrassement qu'il donne. Ainsi que les Planétes qui tournent en même tems sur leur propre axe & autour du soleil, de même deux mouvemens compatibles agissent dans l'ame, dont l'un regarde la personne même, & l'autre l'univers.

C'est ainsi que Dieu & la na-

Diverses formes de gouvernement, & leur but véritable & commun.

ture ont lié la fabrique générale, & ont voulu que l'amour propre & l'amour social confondus, ne fussent qu'un.

Fin de la troisiéme Epître.

ESSAI
SUR
L'HOMME.

EPITRE IV.

De la nature & de l'état de l'Homme par rapport au bonheur.

O BONHEUR! le but & la fin de notre être : bien, plaifir, repos, contentement, quel que foit ton nom ; ce je ne fçais quoi qui excite nos foupirs éternels, pour lequel nous fupor- tons la vie, & nous ne craignons pas de mourir : toujours fi près

de nous, & toujours au-delà de
nous : toujours recherché plus
loin qu'il n'eſt ; vû confuſément
par le ſage, comme par le fou :
Plante d'une ſemence céleſte, ſi
tu es tombée ici-bas, dis dans
quel terroir mortel tu daignes
croître ? Brilles-tu épanouie par
les rayons d'une Cour favorable,
ou es-tu enterrée avec les dia-
mans dans des mines précieuſes?
Es-tu entrelaſſée avec les guirlandes des lauriers du Parnaſſe,
ou es-tu moiſſonnée par le fer
dans le champ de Mars ? Où
croît-elle ? Où ne croît-elle pas?
Si notre travail eſt vain, c'eſt la
faute de la culture, & non du
terroir. Le bonheur véritable,
n'eſt point renfermé dans quelque lieu privilégié ; on ne peut
le trouver nulle part, ou on le
trouve par tout : on ne peut l'a-
cheter, il eſt libre ; il fuit les
Monarques. Bolingbroke, il
habite avec toi.

Demande aux Sçavans le chemin pour y arriver ; les Sçavans font aveugles : l'un nous ordonne d'être serviable, l'autre de fuir les hommes : quelques-uns font consister le bonheur dans l'action, & d'autres dans le repos ; ceux-ci l'appellent plaisir, & ceux-là contentement : toutes ces définitions ne disent guéres plus ou moins que ceci, QUE LE BONHEUR EST BONHEUR. Celui-ci dit que son plaisir est de n'avoir aucune peine ; celui-là incertain ne sçait où le fixer ; un autre dira que la vertu même n'y peut rien.

Abandonnons les sentiers d'une folle opinion ; suivons la voye de la nature. Tous les états peuvent atteindre au bonheur : tout le monde peut le posséder : ses biens s'offrent à nous ; il ne faut pas les chercher dans les extrémités. Il ne faut que du

Le bonheur mal défini par les Philosophes.

Le bonheur est le but de tous les hommes & que tous peuvent atteindre.

bon fens dans l'efprit, de la droi-
ture dans le cœur : & qu'on fe
plaigne tant qu'on voudra de la
diverfité des portions ; il n'y a
pas moins une égalité de tran-
quillité commune, qu'une égalité de fens commun.

Reffouviens - toi, Homme,
que la caufe univerfelle n'agit
pas par des loix particuliéres,
mais qu'elle agit par des loix
générales : & qu'elle a confti-
tué, ce qui doit s'appeller le
véritable bonheur, non dans le
bien d'un feul, mais dans le
bien de tous. Il n'y a pas de
bonheur dont jouiffe un individu, que ce bonheur ne panche
en quelque maniére vers toute
l'efpéce. Un cruel bandi, un tiran fougueux enivré d'orgueil,
un hermite enterré ne peuvent
fuffire à leur bonheur. Ceux qui
prétendent le plus de fuir ou de
haïr le genre humain, cherchent

un admirateur, souhaitent de s'assûrer d'un ami. Si l'on fait abstraction de ce que les autres sentent de ce qu'ils pensent, tous les plaisirs seront languissans, la gloire s'obscurira. Chacun a sa part de bonheur, & qui veut en obtenir davantage, éprouvera que le plaisir ne paye pas la moitié de la peine.

L'ordre est la premiére loi du Ciel : & ce principe accordé, il y a, & il doit y avoir des hommes plus puissans que les autres, plus riches, plus habiles ; mais d'en inférer qu'ils soient plus heureux, c'est heurter le sens commun. Quoiqu'inégalement partagés des biens de la fortune, si les hommes sont égaux dans leur bonheur, c'est à tort qu'on accuse le ciel de partialité. Loin de le détruire, cette inégalité de biens produit des besoins mutuels qui

Comme il est nécessaire pour l'ordre, la paix & le bien-être de la société que les biens extérieurs soient inégalement distribués : le bonheur ne peut pas consister dans leur possession.

fervent à l'augmenter. La différence qui fe trouve dans la
nature, en conferve la paix. Ce
n'eft ni la condition, ni les cir-
conftances, qui font l'effence du
bonheur. Il eft le même dans le
fujet comme dans le Roi, dans
celui qui défend, ou dans celui
qui eft défendu : dans celui qui
trouve un ami, ou dans celui qui
eft cet ami. Le Ciel qui a foufflé
dans tous les membres de l'univers une vie commune, leur a
auffi donné une bénédiction
commune. S'il y avoit une égalité dans la poffeffion des biens,
& que ceux qui les poffédent
fuffent d'un même dégré, n'y
auroit-il pas des débats conti-
nuels ? Ainfi donc, puifque Dieu
a fait un bonheur pour tous
hommes, il ne peut pas l'avoir
placé dans des biens extérieurs.

Nonobftant cette inégalité, la Providence a La fortune peut difpofer di-
verfement de fes dons; fuivant la
diverfité

diverſité de ſes diſtributions , on appelle les uns heureux , les autres malheureux ; mais l'égalité de la juſte balance des cieux ſe manifeſte, en donnant aux uns de l'eſpérance, aux autres de la crainte. Ce n'eſt pas le bien ou le mal préſent qui fait le ſujet de la joye ou de l'affliction, mais le preſſentiment d'un mieux ou d'un pis futur.

O fils de la terre ! voulez-vous encore par des montagnes entaſ-ſées vous élever juſqu'aux cieux? Les cieux ſe rient de vos vains efforts & vous enſeveliſſent ſous les maſſes élevées par votre folie.

Sçachez que tous les biens dont peuvent jouir des indivi-dus, que tous ceux que Dieu & la nature ont deſtinés à l'hom-me, que tous les plaiſirs de la raiſon & les joyes des ſens, con-ſiſtent en trois choſes, la SANTE', la PAIX, & le NECESSAIRE. La

K

fanté ne fe maintient que par la
tempérance : & la paix eft l'a-
panage de la vertu. Les bons
& les mauvais peuvent acquérir
les dons de la fortune, mais le
plaifir de la jouiffance en eft di-
minué à proportion de la mé-
chanceté de ceux qui les obtien-
nent. Qui dans la pourfuite des
richeffes ou des voluptés rifque
le plus, de celui qui n'employe
que des moyens droits, ou de
celui qui en employe d'injuftes ?
Du vitieux ou du vertueux, foit
heureux ou malheureux, lequel
des deux excite le mépris, lequel excite la compaffion ? Cal-
culez tous les avantages que le
vice heureux peut obtenir, vous
trouverez que la vertu les fuit &
les dédaigne, & donnez à un fcélérat tous les bonheurs qu'il peut
fouhaiter, il y en a toujours un
qui lui manque, celui de paffer
pour honnête homme.

Aveugle à la vérité & au sisté-
me général de Dieu ici-bas,
on attache le bonheur au vice,
le malheur à la vertu. Celui qui
connoît le mieux le grand plan,
qui entre le mieux dans l'ordre
général, celui-là connoît le
mieux le bonheur, celui-là sera le plus heureux. Il n'y a que
les foux qui appellent l'homme
de bien malheureux, pour des
maux ou des accidens que le hazard donne à tous. Voyez la chûte de Falkland, cet homme juste & vertueux : voyez le divin
Turenne renversé sur la poussié-
re : voyez le sang de Sidney couler dans le champ de Mars : est-
ce leur vertu qui en est la cause ?
n'est-ce point leur mépris pour
la vie ? O jeune & cher Digby,
l'objet de nos regrets, est-ce la
vertu, (car les cieux n'en don-
nérent jamais davantage,) qui
t'a précipité dans le tombeau? Si

Erreur d'im-
puter à la vertu
ce qui n'est que
foiblesse de la
nature ou mal-
heur de la for-
tune.

c'eſt la vertu qui fait expirer le
fils, pourquoi donc le pére vit-il
comblé d'années & plein d'honneur? Pourquoi le digne Evêque
de Marſeille reſpira-t il un air
pur, tandis que la nature languiſ-
ſoit, & que l'haleine des vents
ſouffloit la mort? Ou pourquoi
les cieux laiſſent-ils ſi long-tems
(ſi toutefois la vie peut-être longue) laiſſent-ils aux pauvres &
à moi une mére reſpectable?

Qu'eſt-ce qui fait le mal phyſique, & qu'eſt-ce qui fait le mal
moral? L'un, les écarts de la
nature; & l'autre, les égaremens
de la volonté. Dieu n'envoye
point de maux; la nature les
laiſſe tomber, ou ils s'échapent
dans les changemens: l'homme
qui s'en infecte, les augmente.
Nous pouvons auſſi peu nous
plaindre aux cieux de ce que le
juſte Abel eſt tué par Caïn, que
de ce qu'un fils vertueux ſouffre

les incommodités d'un sang cor-
rompu que lui a transmis un pére débauché. Doit-on croire que
la cause éternelle, semblable à
de foibles Princes, renversera
ses loix pour quelques favoris ?

Faut-il que l'Etna brûlant, à
la sommation du Philosophe,
oublie ses tonnerres & rapelle ses
feux ? Que des impressions nouvelles se fassent ressentir sur les
airs & sur les mers, pour aider
à la respiration du vertueux Be-
thel ? Que dans un tremblement
de terre les montagnes ébran-
lées n'obéissent pas aux détermi-
nations de la gravité, parce que
vous passez tout près ? Ou qu'un
vieux Temple prêt à s'écrouler
suspende sa chûte pour la réser-
ver à de Chartres ?

Ce monde, si propre pour les
scélérats, ne vous contente donc
point : imaginons-en un meilleur. Supposons qu'il devienne

un Royaume de juſtes ; conſi-
dérons d'abord comment ces
juſtes s'accorderont. Je veux
que les hommes de bien mé-
ritent un ſoin particulier de
Dieu ; mais qui autre que
Dieu peut dire quels ſont les
hommes de bien ? L'un penſe
que l'eſprit céleſte eſt deſcendu
dans Calvin ; un autre croit qu'il
a été un inſtrument de l'enfer. Si
Calvin partage le bonheur des
Cieux, ou s'il reſſent le poids de
la verge vengereſſe, l'un crie
qu'il y a un Dieu, & l'autre crie
qu'il n'y en a point. Ce qui cho-
que l'un, édifie l'autre, & un
ſeul ſiſtéme ne peut pas ſatis-
faire tous les hommes. Si d'un
autre côté chacun a le ſien, tout
ne ſera que débats ? Faudra-t-il
que le mari & la femme ayent
différens ſiſtémes ? Le meilleur
de tous, fait ſur nous des impreſſions différentes, & ce qui ré-

compenfe votre vertu punit la mienne. TOUT CE QUI EST, EST BIEN. Il eft vrai que ce monde a été fait pour Céfar, mais il a auffi été fait pour Titus : & qui des deux fut le plus heureux ? celui qui enchaîna fa patrie, ou celui dont les vertus foupiroient la perte d'un jour écoulé fans bienfaits ?

Mais, direz-vous, la vertu meurt quelquefois de faim, tandis que le vice regorge de biens. Que s'enfuit-il ? le pain eft-il la récompenfe de la vertu? Le vice peut l'acquérir, c'eft le prix du travail : le fcélérat le mérite lorfqu'il laboure la terre : il le mérite lorfqu'il affronte les mers, où la folie combat pour les tirans & pour les richeffes. L'homme de bien peut être foible, indolent; mais auffi il n'afpire point à l'opulence, il afpire au contentement. Suppofé cependant qu'il soit riche, vos demandes seront-elles finies? Non. Faudra-t'il que l'homme de bien manque de santé & de puissance? Je veux qu'il ait richesses, puissance, & tous les biens de la terre: vous demanderez encore, Pourquoi son pouvoir est limité? Pourquoi il est un particulier? Pourquoi il n'est point un Roi? Mais pourquoi ne demandez-vous pas les dons intérieurs au lieu des extérieurs? Pourquoi l'homme n'est point un Dieu, & la terre un Ciel? Qui demande & qui raisonne ainsi, concevra avec peine que Dieu donne assez lorsqu'il peut donner plus. Sa puissance étant immense, si les demandes le sont aussi, à quel dégré dans la nature s'arrêteroient-elles?

Ce que rien sur la terre ne peut donner ni détruire, le calme de l'ame & la joye intérieure

Les biens extérieurs ne sont pas une vraye récompense. Ils sont souvent

du

du cœur, c'eſt le prix de la ver‐
tu. En voudriez‐vous fixer un
meilleur, & donner à l'humilité
un caroſſe à ſix chevaux ? à la
juſtice, l'épée du conquérant?à
la vérité, une mitre ? & à l'a‐
mour du bien public, ce qui
d'ordinaire le détruit, une cou‐
ronne?Ces récompenſes ne plai‐
roient point à la vertu, ou la
détruiroient. Combien ſouvent
par elles ont été détruites à ſoi‐
xante ans des vertus qu'on avoit
admirées dans un jeune hom‐
me de vingt‐un. *

Examinons : les richeſſes peu‐
vent‐elles donner à tout autre
qu'à l'homme juſte un conten‐
tement perſonnel & la confian‐
ce des autres ? Des Juges & des
Parlemens ont été achetés avec
de l'argent, mais l'eſtime & l'a‐
mour ne furent jamais à vendre.

* C'eſt l'âge où ſuivant les Loix d'Angle‐
terre on entre en majorité.

L

O quelle folie de croire qu'un
homme de bien qui a le genre humain pour objet de son amour,
& qui est lui-même l'objet de
celui du genre humain, dont
la vie respire la santé, & la consc-
cience l'innocence, soit haï de
Dieu, parce que Dieu ne lui a pas
donné mille guinées de rente!

Dignité.   L'honneur & la honte ne naissent point de notre condition.
Faites-bien ce que vous devez
faire: c'est en quoi consiste l'honneur. La fortune a mis quelque
petite différence entre les hommes: l'un se quarre dans ses gué-
nilles, & l'autre se déméne dans
ses brocards; le Savetier dans son
tablier de peau ; l'homme d'E-
glise dans sa soutane ; le Moine
avec son froc, & le Roi avec sa
couronne. Mais, vous écrierez-
vous, y a-t-il rien qui différe plus
qu'une couronne & qu'un froc ?
Oui , mon ami , l'homme sage

& l'homme fou. Vous trouverez que si une fois le Monarque
agit en Moine, & que l'homme d'Eglise s'enivre en Savetier,
que c'est le mérite qui fait l'homme éminent, & le manque de
mérite qui fait l'homme vulgai-
re : car au reste que fait le tablier
de l'un ou la soutane de l'autre ?

D'être tout couvert de titres
& garni de cordons, c'est ce que
tu peus être par la faveur des
Rois ou de leurs Courtisannes.
Ton sang vanté depuis mille ans
ou environ, peut couler de Lucrece en Lucrece : mais si c'est
sur le mérite de tes péres que tu
établis le tien, ne compte seule-
ment que ceux qui furent grands
hommes & hommes de bien.
Que si ton sang ancien, mais
ignoble, a coulé dans des cœurs
lâches, fût-ce depuis le déluge :
va & compte que ta famille est
roturiére ; & n'annonce point

Naissance

L ij

que tes péres ont été si long-tems sans mérite. Des insensés, des esclaves & des lâches ne peuvent être annoblis ; non pas même par le sang des Howards.

Grandeur.

Examine ensuite la grandeur. Où se trouve-t-elle ? Tu me réponds parmi les héros & les politiques‘ : les héros sont tous les mêmes, on en convient assez, depuis le fou de Macédoine jusqu'à celui de Suéde. Le but extravagant de toute leur vie est de se trouver, ou de se faire ennemis du genre humain. Pas un ne se rappelle le passé ; ils vont toujours en avant, & néanmoins ne regardent jamais au-delà du pas qu'ils font. Et ne préférons point au héros le politique & l'habile homme : rusé & circonspect il cherche à saisir les hommes dans des momens inconsidérés ; ce n'est pas habileté ou sagesse dans lui ; c'est foiblesse

dans les autres. Mais en suppo-
sant même le succès, que le héros fasse des conquêtes & que
le politique trompe ; quelle ab-
surdité d'appeller un méchant
homme, un grand homme ? La
prudence criminelle de l'un, &
la bravoure forcenée de l'autre
sont loin de la sagesse & de
l'honneur. Celui qui obtient une
noble fin par de nobles moyens,
ou qui disgracié rit dans l'exil
ou dans les fers, soit qu'il régne comme le sage Antonin ou
qu'il meure comme Socrate, celui-là est vraiment Grand.

Qu'est-ce que la renommée ? Renommée.
Cette vie imaginaire qui respire
dans les autres. Objet au delà de
nous, qui l'est même avant notre mort. On ne joüit précisé-
ment que de ce que l'on entend.
Ce qui est ignoré, soit qu'il s'a-
gisse de vous, Milord, ou de Ci-
céron, c'est la même chose. Tout

ce que la renommée nous fait
sentir, naît & se termine dans le
petit cercle de nos amis ou de
nos ennemis : Pour tous les autres, ce qui vit ou ce qui ne vit
plus, est également une ombre,
soit Eugéne ou César ; soit qu'il
brille ou qu'il ait brillé, en tels
tems, en tels lieux, sur le Rhin
ou sur le Rubicon. Le bel esprit, ainsi que sa plume, n'est
que légéreté & vanité, & le bâ-
ton du général, est un fleau ;
l'homme de bien est le plus noble
ouvrage de Dieu ; & qu'est-ce
que la renommée peut à l'égard
de celui qui ne l'est pas ? Elle ne
peut que préserver son nom de
la mort. Elle le fait de la même
maniére que la justice a préser-
vé son corps du tombeau , & ce
qu'il eût mieux valu ensevelir
dans l'oubli, est exposé pour em-
pester les autres hommes. Toute réputation qui ne provient pas

d'un vrai mérite, nous eſt étran-
gére & pernicieuſe ; ſon encens
porte à la tête, mais ne pénétre
pas au cœur. Une heure d'une ap
probation intérieure l'emporte
ſur des années d'acclamations
d'une populace ſottement épri-
ſe. Marcellus éxilé reſſentoit de
plus véritables joyes, que Céſar
ſuivi de tout le Sénat.

Quels avantages réſultent des
talens ſupérieurs ? Dites-nous,
Milord, car vous le pouvez, ce
que c'eſt que d'être habile & ſçavant ? C'eſt de ſçavoir combien
peu nous pouvons ſçavoir, d'ap-
percevoir toutes les fautes des
autres, & de ſentir les ſiennes
propres. Condamné à débrouil-
ler les affaires, ou à reſtaurer les
arts, ſans ſecond ou ſans Juge,
voulez-vous montrer des vérités, ou ſauver un pays qui s'abî-
me ? Tout le monde craint, perſonne ne vous aide, & peu vous

comprennent. O trifte préémi-
nence de fe fentir au deffus des
foibleffes de la vie, & des con-
folations qu'elle offre!

Qu'on examine donc à fond
tous ces différens avantages ;
toute compenfation faite, qu'on
voye quel en eft le réfultat: combien fûrement pour acquerir l'un
on doit perdre de l'autre, s'il n'eft
totalement perdu : combien ils
font peu compatibles : combien
fouvent on rifque pour eux la
vie, & toujours le repos. Examinons donc ; & fi toutefois ils
peuvent encore exciter notre
envie, voyons à qui le hafard les
donne, & voudrions-nous nous
changer pour eux ? Si nous fommes affez fimples que de foupirer
pour un cordon, remarquons
quelle grace il donne au Lord
Umbra & au Chevalier Billy.
Si le métal jaune eft l'objet de
notre paffion, jettons les yeux

fur Gripus ou fur fa femme. Si les talens nous flattent, réfléchif-fons combien a brillé Bacon, le plus habille, le plus éclairé & le plus foible des hommes. Si nous fommes ravis d'un nom fameux, voyons Cromwel condamné à une renommée éternelle. Si l'u-nion de tous ces prétendus biens excite notre ambition, lifons les anciennes hiftoires : elles nous apprendront à les méprifer tous. On y découvre la fauffeté du bonheur dans les richeffes, les dignités, la réputation & la grandeur; biens fur lefquels on fonde les divers dégrés de bon-heur, à l'union defquels on at-tache l'idée d'un bonheur com-plet. Que paroiffent heureux ceux qui poffédent le cœur des Rois & la confiance des Reines! Ce n'eft que pour ruiner ceux-ci & trahir celles-là. Obfervons par quelles démarches indignes ils parviennent à la gloire. Ainsi que la fiére Venise, ils s'élevent d'un marais fangeux. Leur crime & leur grandeur avance d'un pas égal, & ce qui produit leur hé‑roïfme détruit l'humanité. On voit fur leur front les lauriers de l'Europe, mais ou teints de fang, ou fruits de la vénalité : vous les voyez enfin vivre déshoncrés par le pillage des provinces, caf‑fés de travaux, ou perdus par la molesse. O malheureufes richef‑fes, à qui la renommée n'a pû donner de l'éclat; ou qu'elle n'a pû préferver de la honte : Quel eft le bonheur qui termine leur carriére ? Des mignons avides, ou une femme impérieufe, em‑barassent leur magnifique cham‑bre, leur fuperbe alcove, & trou‑blent leur fommeil par un trop pompeux cortége. Hélas : qu'on ne fe laisse pas éblouir par l'éclat de leur midi; qu'on le compare à l'obſcurité de leur matin & de leur ſoir. Tout le réſultat de leur grande renommée n'eſt qu'un ſonge, où leur gloire eſt confondue avec leur honte.

Connoiſſons donc cette véri-té, & la connoiſſance en ſuffit à l'homme, qu'IL N'Y A D'AU-TRE BONHEUR ICI-BAS QUE LA VERTU; le ſeul point où la féli-cité humaine ſoit fixée, & qui faſſe goûter le bien ſans le mé-lange du mal : le ſeul qui donne au mérite de conſtans retours, & qui lui donne également du plai-ſir des bienfaits reçûs & des bien-faits donnés; où la joye eſt ſans égale, lorſque le ſuccès nous ſe-conde, & où le défaut de ſuc-cès ne produit aucun chagrin ; qui fait jouir de l'abondance ſans ſatiété, & qui dans l'épreuve des revers ſe fait ſavourer avec le plus de complaiſance. Les ris que la folie inſenſible fait éclater dans ſes fauſſes joyes , ſont beaucoup moins agréables que les pleurs mêmes de la vertu : elle extrait du bien de tous les objets, en acquiert de tous les endroits : elle s'éxerce toujours, jamais n'eſt fatiguée ; elle n'eſt point enflée de la chûte d'un autre homme, ni abatue de ſon élévation : ſans beſoin , elle ne peut former aucun ſouhait , puiſque par rapport à la vertu, en ſouhaiter davantage , c'eſt l'obtenir.

C'eſt le ſeul bonheur que les cieux puiſſent donner à tous: qui peut penſer, peut le connoître ; & qui peut ſentir , peut le goûter : il échape néanmoins à l'homme méchant , pauvre au milieu des richeſſes , aveugle quoique ſçavant. L'homme de bien au contraire le trouve ſans recherche. Il n'eſt eſclave d'aucune ſecte, il ne ſuit point une route particuliére, il s'éléve par l'infpection de la nature, au Dieu de la nature; il n'abandonne jamais cette chaîne qui lie le grand fiftême, qui joint le ciel & la terre, le mortel & le divin. Il voit que dans cette chaîne aucun être ne fçauroit être heureux, que ce bonheur n'affecte quelqu'un au-deffus, quelqu'un au-deffous. Il aprend de l'union de ce grand tout le premier & le dernier but de l'ame humaine, & il connoît quel eft le principe & quelle eft la fin de la foi, des loix, & de la morale: l'amour de Dieu & celui de l'homme.

Ce n'eft que lui que l'efpérance conduit de point en point, en fe développant à lui de plus en plus, jufqu'à ce qu'unie à la foi, & devenue fans bornes, elle lui fait goûter un bonheur qui remplit toute fon ame. Il voit pourquoi la nature de l'homme eſt telle qu'elle eſt ; pourquoi l'homme ſeul a l'eſpérance d'un bonheur connu , & de la foi pour un bonheur inconnu. Impreſſions qui ne lui ſont pas données en vain : la nature n'en donne point d'inutiles ; chaque créature trouve ce qu'elle cherche. Que ſa ſageſſe éclate dans le préſent qu'elle fait à l'homme! C'eſt par là qu'elle unit à la plus grande vertu, le plus grand bonheur ; elle lui préſente tout à la fois la vûe brillante de ſon propre bonheur, & le plus puiſſant motif pour aider à celui des autres.

L'amour propre ainſi allié avec l'amour ſocial & l'amour de Dieu , nous fait trouver notre bonheur dans celui de notre voiſin. Eſt-ce trop peu pour ton cœur généreuſement illimité ? Donne-lui une plus vaſte carriére , & étends ta généroſité juſqu'à tes ennemis. Ne fais qu'un

La perfection du bonheur conſiſte dans l'amour de Dieu & dans celui des autres hommes.

fiftéme de bienveillance , de tous les mondes, de tous les êtres raisonnables , de tous ceux qui ont vie & fentiment : d'autant plus heureux que tu fera plus généreux ; le plus haut dégré de bonheur correspond au plus haut dégré de charité.

L'amour de Dieu defcend du tout aux parties : mais celui de l'homme s'éléve de l'individu au tout. L'amour propre ne fert qu'à reveiller l'ame vertueufe , ainfi qu'un petit caillou qui jet-té dans une eau paifible fait naî-tre autour du centre qu'il a mis en mouvement, un petit cercle qui enfuite s'étend, devient plus grand & encore plus grand. Il embraffe d'abord parent, ami, voifin ; enfuite la patrie, & en-fuite toute la race humaine : les épanchemens de l'ame s'éten-dant de plus en plus, embraffent enfin tous les êtres de toute efpéce. La terre rit de toutes parts, une bienveillance sans bornes produit un bonheur général ; & le ciel, dans le cœur de l'homme généreux, contemple son image.

Allons donc, mon ami, mon génie : poursuivons, ô maître du Poéte & du Poéme! Tandis que ma muse s'abaisse & remonte des basses passions de l'homme à leurs fins glorieuses ; que semblable à toi, profond dans la connoissance des variétés de la nature, je puisse tomber avec dignité & m'élever avec modération : que formé par tes discours, j'aprenne à passer heureusement du grave à l'enjoué, du vif au sévére ; à être éxact avec feu, éloquent sans fard, attentif à la raison, & habile à plaire. O tandis que ton nom vole à pleines voiles sur le cours du tems & qu'il accumule la gloire, ma petite barque pourra-t-elle fuivre, courir vers le triomphe, & partager le foufle favorable? Lorfque les hommes d'Etat, les Héros & les Rois re-poferont dans la poufliére, eux dont les fils rougiront que leurs péres ayent été tes ennemis, mes vers aprendront-ils à la poftérité que tu fus mon guide, mon Phi-lofophe & mon ami ? qu'excité par toi, ma mufe quitta les fons pour s'élever aux chofes, & paf-fa de l'imagination au cœur ? qu'au lieu de l'éclat trompeur de l'efprit, je fis briller la lumiére de la nature, que je fis voir à l'or-gueil qui s'abufe, que tout ce qui eft, eft bien ; que la raifon & la paflion font données pour une feule grande fin; que le véritable amour propre & l'amour focial font le même ; que la vertu feu-le fait ici bas notre BONHEUR, & que tout l'objet de notre con-noiffance eft de nous connoître.

FIN.